日本国民のための

明解

政治学入門

髙橋洋一

あさ出版

はじめに

「政治」と聞いて、読者はどんなイメージを抱くだろうか。

よくわからないもの――という以上に、ウソがはびこる世界、欲と利権にまみれた世界、国民を都合よく支配するために、政治家が権謀術数をめぐらせている世界、などなど、後ろ暗いイメージを抱く人も多いかもしれない。

だが、先に結論をいってしまうと、政治ほど透明な世界はないといっていい。

なぜなら、政治の原理原則は、すべて「憲法」に定められているからだ。

知っての通り、憲法とは「国の最高法規」である。

つまり、どんな法律にも優る、「日本国民全員が絶対に守らなくてはいけないルール」を定めたものが憲法だ。

憲法には、「国会は何をするのか」「内閣は何をするのか」が明確に定められている。

国会も内閣も、その規定に従って運営されている。憲法に反することをすれば、即、免職となり、場合によっては塀の中に落ちることになる。

読者も何かしら仕事をしていると思うが、どんな仕事も法律に反しない限り何をしようと自由だ。

「何をするのか」が憲法で定められている仕事は政治家だけであり、後ろ暗いことが行われる余地がないのである。

それなのに、なぜ政治には後ろ暗いイメージが付いて回るのか。

考えられる理由は2つだ。

1つは、今も言ったように、「政治家の仕事は憲法で明確に規定されている」ということに対する理解が浅いことだろう。

本当は、きわめて法的な縛りがきつい世界なのに、そういう前提意識が薄いから、まるで無法地帯であるかのように政治を捉えてしまうのではないか。

そしてもう1つは、マスコミが「政治＝後ろ暗いもの」というイメージを日々、振りまいていることだろう。

日本のマスコミの仕事は、どうやら「事実を丸ごと事実のまま報じること」ではなく、「事実を選別し、切り取り、さらには誇張して、特定のイメージを抱かせるように伝えること」らしい。

一方、マスコミをよく言えば、権力の監視という役割があり、政治家の悪事は一般人のそれよりも多く報道されているので、そのイメージの結果ともいえる。

ここまで読んで、「政治学といっても、大学で教えるような政治学とはちょっと違う感じがする」と思った人もいるかもしれない。その感覚は当たっているだろう。

かの、あさ出版の編集者から、「今度は政治学の本をお願いしたい」とのいつも通りの粗っぽい依頼が入った際、実は少し当惑した。

経済学ならば、「一般人にとってわかりづらいところを、噛み砕いて説明してほしい」というのはわかる。原理原則は非常にシンプルだが、複雑な数式が関わる部分も多い。特にド文系の頭には、なかなか理解できなくても仕方ない。

しかし政治学は違う。

政治とは、いわば国の運営システムである。

私たち一般国民には、選挙を通じて政治に参加する権利と義務がある。そして政治に参加するには、基本的な運営システムを理解していなくてはいけない。

だから、小学校の社会に始まり、中学でも高校でも、この国の運営システムとしての政治を学ぶ。

したがって、一定の年齢に達した日本人ならば、すでに政治の原理原則を理解していて当然、私が改めて解説することなどないのでないか、と思ったのだ。


ところが実際は、そうでもないらしい——ということが、編集者との会話のなかで徐々に明らかになった。

憲法が定めている「国会」「内閣」(つまり基本中の基本)について少し確認してみただけでも、しどろもどろである。わかっているようでわかっていない。

かなりふんわりと理解しているようで危ういのだ。

どんなことを知りたいのかと聞いてみると、今度は、小難しい「政治学」の教科書を丸暗記したかのような用語が飛び出す。

私からすれば、言葉ばかりは立派だが、はっきりいって実生活に役立つ知識とはいえないものだ。

そこで本書では、概念を多く扱う学問としての政治学ではなく、実学として役立つ政治について解説することにした。

まず、私たちが直に関わる政治イベントは「選挙」である。

では、選挙とはいったい何か。そのように政治を考えれば、より賢い有権者として満足の行く選択ができるのか。

そして、選挙で選ばれた人は、国会議員として「国会」に参加する。では、国会とはいったい何を行う場所なのか。国会議員の仕事とは何か。

さらに、この国の行政は「内閣」の役割である。では、行政を担う内閣とは何か。国はどのように運営されているのか。

また、「地方分権」について考える章も設けた。

政権与党が執り行う行政は私たちの生活に直結しているが、より私たちの日常に密着しているのは地方行政である。では、国の行政と地方自治体の行政は何が違うのか。

どれくらいの役割分担がちょうどいいのか。

こうした視点もまた、政治に対する理解を深める一助となるだろう。

詳しくは本文に譲るが、政治とは、仕組み自体はシンプルであり内実はシビアなものである。

政治家は聖人君子ではない。万人が満足できる政策はないに等しい。つまり、政治家に聖人君子であることを望み、万人が納得できる政策を求めるのは、そもそも無理筋なのだ。

しかし、だからといって政治に関わること、政治について考えることを諦めてはいけない。本質を理解すれば、自分なりに深く考え、自分にとってよりよい選択ができるようになる。

それこそが重要なのだ。

この国の主権者は、この国の国籍を持つ私たちだ。そして主権者には、国政や地方行政を担う人を選ぶ権利と義務がある。そのためには、政治の「基本中の基本」と「イメージではない本当のところ」を理解することが欠かせない。

なお本書は、東京オリンピックや郵便投票など、新型コロナウイルス関連で事態が目まぐるしく動いているなかでの執筆となった。なるべく最新の情報を盛り込むべく、校了ギリギリまで原稿に手を入れたが、校了から刊行までには多少、時間がかかる。おそらく、その間にさらに事態は動いているだろう。

本書で追いきれなかった点はご容赦いただきつつ、新たな事態については、これから読むことを踏まえて、ぜひとも自分で考えてみてほしい。

参政権という「特権」を、より賢く効果的に行使していけるよう、本書を役立ててもらえれば幸いである。

髙橋洋一

目次

2章

日本の選挙制度を考える
――こうして「民主的プロセス」は守られている

3章

「国会」では何が行われているのか
——批判する前に理解したい「国会議員の仕事」

4章 本当に正しい「政治家の見方」とは
――雰囲気に流されず、正当に評価する方法

5章

「内閣」とは誰か、何をしているのか

——知っているようで知らない「大臣の役割」

6章

「遠くの政府」と「近くの地域」

──「ニア・イズ・ベター」の地方分権を考える

1章

選挙は「風」のつかみ合い

――これさえわかれば「賢い有権者」になれる

この国で「一番偉い」のは誰か

日本の政治制度は何か。

きわめて基本的なところだが、そう問われたら、みなさんはどう答えるだろうか。

学校の授業で習ったはずだが、**日本は「立憲民主制」**である。

立憲とは「憲法という最高法規の下で統治が行われる」ということ。

民主とは読んで字のごとく「民が主である」ということだ。

そうなると、この国で一番偉いのは誰か。

「偉い」というのは「権力がある」と言い換えてもいいが、それは総理大臣でもないし、官僚でもない。衆参院合わせて700人あまりいる国会議員でもない。

無論、**日本では「民=国民」が一番偉い**のである。

立憲制では憲法が絶対だ。日本国憲法の前文にも「主権が国民に存することを宣言」とはっきり書かれている。

何を今さらという話だが、この基本から始めないと、政治というものを大きく見誤りかねない。**世間の論調を見ていると、どうも「権力の主体たる民の一員」としての自覚が薄いように見受けられる**ことが多いのだ。

ただ、そうはいっても、国民は「お上」にいろいろと縛られているではないか、と思ったかもしれない。

たしかに私たちは、国が決めたルールに従って暮らさなくてはいけない。

罰則が設けられているルールならば、それを破ったら相応の罰を受ける。

さまざまな行政サービスも、すべて国が決めたルールに従って提供されている。

ルールやサービスのあり方が理不尽だと思っても、私たちの手で変えることはできない。

それだけ見ると「国家権力に民が押さえつけられている」という構図に思えるのだろうか。

しかし重要なのは、そのルールは「誰」によって決められているのか、という点だ。ルールは国会議員が国会で話し合って決める。

では、ルールを決めている国会議員にもっとも権力があるのかといったら、そうではない。なぜなら、**国会議員は「ルールを決める権限」を国民から付託されているに過ぎない**からだ。

では改めて、ルールは「誰」によって決められているのか。「国会議員によって決められている」では言葉が足りない。**「民に権限を付託された国会議員によって決められている」＝〈間接民主制〉**なのである。

この点をよりよく理解するには、隣国の中国を考えたらいい。

中国では、そもそも間接民主制では当然である選挙がない。端的に言うと、国家の上に共産党があり、憲法ですら共産党の下になるという位置づけだ。

となると、共産党のトップが中国で一番偉い人になる。

日本の国会議員は、間接民主制により国民から選ばれているので、天下国家のことを考えてルールを決めるはずだ。

図表1　「立憲民主制」と「主権在民」

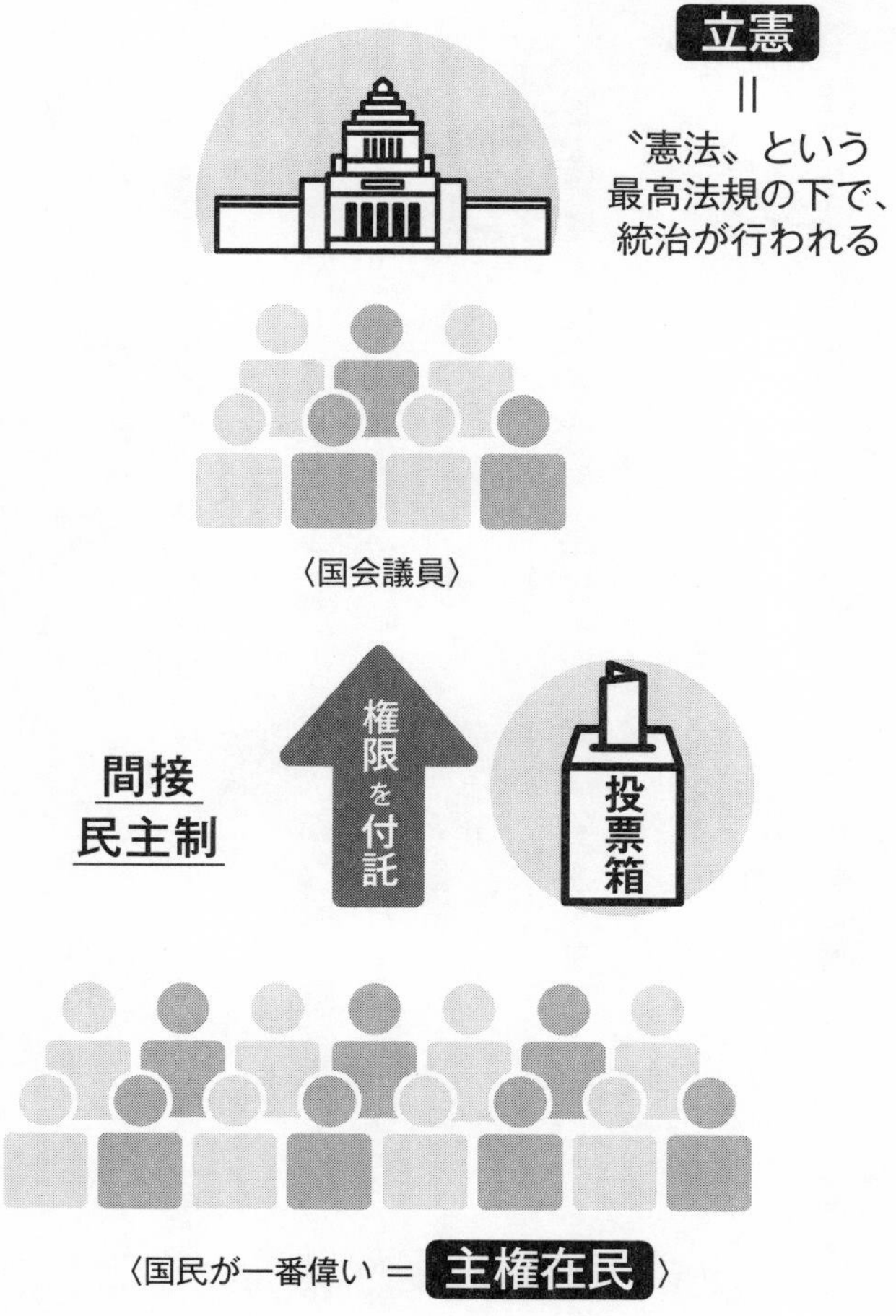

社会ぐるみで取り組まなくてはいけない問題があれば、それを改善、解決するためのルールを考える。

これから起こることが予想される問題があれば、予防するためのルールを考える。「ルールを作る権限」を国民から付託されている以上、国会議員は、自分勝手なルールを作ることはできない。

なぜなら、国民の意に沿わないようなルールを作った国会議員は、付託された権限を奪われる可能性があるからだ。国民が「誰に権限を付託するか」を決める場、すなわち「選挙」で落とされるということである。我々国民は選挙でそうした議員をなくさないといけない。

あらゆる物事には原理原則がある。原理原則に沿って考えなくては、正しくものを見ることはできない。

日本は立憲民主制であり、憲法が「主権在民」と定めているというのは、日本の政治の原理原則である。

こうして書いていてもバカバカしくなってくるくらい基本的な話だが、この原理原則をしっかり頭に刻んでいただいたうえで話を進めよう。

国会議員は「人気商売」

私は仕事柄、国会議員と接する機会も多い。

単純に言って、みな「感じのいい人」だ。

愛想がよく、話題が豊富で、機知に富んだジョークを飛ばしつつ、その場にいる人たちが不快にならないように気を配る。義理人情にも厚い。

それもそのはずだ。**国会議員は「人気商売」**だからである。

秋葉原発祥のアイドルグループが、ファンの人気投票数を競うというイベントを行なっているが、それを「総選挙」と銘打ったのは実に言い得て妙である。

国会議員を選ぶ選挙も、まさしく人気投票と言っていい。

当選したいのなら、できるだけ多くの人に好かれなくてはいけない。そして多くの人に好かれるには、感じよくしなくてはいけない。

もちろん腹の底で何を考えているかはわからないが、国会議員に「感じの悪い人」がいないのは当然というわけだ。

「感じがいいだけで国会議員が務まるか」「大事なのは信念であり、議員になって何を成し遂げようとしているかが問われるべきだろう」と思ったかもしれない。

もちろん正論だが、こうした意見は、自分自身へのブーメランになりうるから注意したほうがいい。

というのも、**国会議員を選んでいるのは、ほかならぬ自分たち国民**だからだ。

仮に、単なる「感じがいいだけの人」「信念も何もないように見える人」が国会議員を務めているとしたら、それは選んだ人たちの眼力が弱かったということだ。いってしまえば、**権限を付託される人を「選んだ側」に落ち度がある**。それだけのことだ。

個人レベルで見れば、自分の選んだ人が落選し、自分から見ると不適合な人が当選してしまったのなら、一応は批判する権利があるといってもいいだろう。

しかし、マスで考えれば、**今の政治は国民の選択を反映している**。

いわゆる「民度」の現れなのだ。

「あの人はイメージ戦略がうまいだけで、中身は空っぽだ」と批判するのは、「イメージ戦略がうまいだけで、中身は空っぽな人を当選させたのは選挙民たちです」と認めるのとイコールである。

何をとっても**日本の政治に不満たらたらの人は、その点をよくよく自覚したほうがいい。**

つまるところ、**「あなたは国会議員に何を求めるのか」が問われている**のだ。

単に「感じがいいだけの人」ではなく、たとえば「自分と同じ問題意識を持っている人」「公平な人」「実行力がある人」に権限を付託したいのなら、選挙のときに候補者をよく吟味して、そう見える人を選べばいいだろう。

アイドルグループの総選挙で上位になる人には、何かしら「選ばれる理由」があるのだろう。詳しくは知らないが、「容姿がいいから」「努力家だから」「歌やダンスがうまいから」などなど、その理由を決めるのはファンたちだ。

では、同じく人気商売である国会議員の「選ばれる理由」は何なのか。あたりまえだが、それを決めるのは有権者、一人ひとりの国民なのである。

「地盤、かばん、看板」、その前に「信念」

代々、**地域とのつながりがあること**。**豊富な資金があること**。**知名度があること**。これらを俗に「**地盤、かばん、看板**」と呼ぶが、多くの人が、これを何やら悪いことのように捉えているのではないか。

地域とのつながりも、豊富な資金も、知名度もない人は選挙で圧倒的に不利になる、それは理不尽ではないか、というわけだ。

こうした意見の裏側には、「そんなものよりも大事なのは政治的信念だ」といった考えも透けて見える。まるで「地盤、かばん、看板」がある人は政治的信念などないかのようだが、ちょっと待ってほしい。

そもそも、**みな信念をもって政治家を目指しているはずだ**。

この日本社会に対して、何かしらの思いや問題意識、使命感がある。

そうでなくては、誰が、わざわざ選挙で顔をさらし、足を棒にし、声をからしながら当選を目指そうとするだろうか。

みな何かしらの信念はある。

そのうえで厳しい選挙戦を勝ち抜くには、地域とのつながりや、豊富な資金、知名度があれば、より頼もしいという話に過ぎない。

日本人は政治不信だと言われるが、はたして、不信になるほどの関心をもって政治を考えているのか甚だ疑問である。

毎回の投票率を見るだけでも、政治不信なのではなく、単なる無関心ではないかと思えてならない。


選挙とは、「自分たちが生きる社会の行方を決める権限」を「誰に託すか」を決める場である。自分たちの選択が権限者を決め、権限者が社会の方向性を決める。そう考えると、**やはり投票という行動は非常に重い意味を持つ。**

「信じられない」「関心がない」「政治家には信念が感じられない」などと文句を言う

前に、国会議員を目指す人たちの信念を、もっと主体的に探ってみてはどうだろうか。

自分が住んでいる選挙区の候補者だけでも、どれだけ知っているだろうか。彼らを深掘りしてみれば、おのずと政治への参加意識も高まるはずだ。

選挙の仕方が少々違う「衆議院」と「参議院」

さて、国会議員は「衆参院合わせて700人あまりいる」と先に書いたが、衆議院と参議院では選挙の仕方が少々違う。

1．衆議院議員総選挙

小選挙区選挙と比例代表選挙が、同じ投票日に行われる。

総選挙とは、衆議院議員の全員を選ぶために行われる選挙のことで、

①衆議院議員の任期満了（4年）によるもの
②衆議院の解散によって行われるもの

の2つに分けられる。

衆議院議員の定数は465人。うち289人（約6割）が小選挙区選出議員、176人（約4割）が比例代表選出議員。両方の選挙に重複して立候補ができる。

なお、小選挙区の区割りは、国政選挙で調べた人口を元に、原則10年ごとに見直される。

2. 参議院議員通常選挙

参議院議員の半数を選ぶための選挙。

参議院に解散はないため、常に任期満了（6年）によるもののみ。

ただし、参議院議員は3年ごとに半数が入れ替わるよう憲法で定められているため、3年に1回、定数の半分を選ぶことになる。

参議院議員の定数は248人で、うち100人が比例代表選出議員、148人が選挙区選出議員。両方の選挙に重複して立候補ができない。

ここで、「小選挙区選出議員」「比例代表選出議員」「選挙区選出議員」などの言葉

図表2 **衆議院と参議院　選挙制度まとめ**

衆議院		参議院
465人 ●小選挙区選出 289人 ●比例代表選出 176人	定数	248人 ●選挙区選出　148人 ●比例代表選出 100人
4年 （解散あり）	任期	6年 （3年ごとに半数入れ替え）
「総選挙」 小選挙区比例代表並立制	選挙区	「通常選挙」 選挙区制と比例代表制

が出てきたが、それらの違いはなんだろうか。

一口に選挙といっても、候補者に投票するものもあれば、政党に投票するものもある。そうした**選挙の仕組みのことをまとめて「選挙制度」という。**

◎候補者に投票する

●大選挙区制……1つの選挙区から2人以上の議員を選ぶ
●小選挙区制……1つの選挙区から1人の議員を選ぶ
●中選挙区制……小選挙区と大選挙区の中間にあたり、1つの選挙区から2人〜6人（標準的には3人〜5人）を選ぶ
※「小」と「大（中）」の違いは、選挙区の広さや人口ではなく、1つの選挙区から選ばれる代表者の数によって決まる。「中」と「大」に明確な違いは存在しない。

◎政党に投票する

●比例代表制……政党ごとの得票数に応じて、当選者を決める

また、衆議院選挙では、小選挙区に立候補している候補者が比例代表にも立候補することができるのは、先にも述べた通りである（**重複立候補**）。重複立候補した候補者が小選挙区で当選すれば、そのまま当選となる。小選挙区で落選した場合は、今度は比例代表の順位で当選が決まる（**復活当選**）。

このように衆議院の選挙制度は小選挙区と比例代表の両方を同時に行うので、「小選挙区比例代表並立制」と呼ばれる。

1つだけ「マイテーマ」を決めておけばいい

小選挙区制では候補者に投票し、比例代表制では政党に投票する。

誰に投票するか、あるいはどの政党に投票するかを決めるには、自分が住む選挙区の複数の候補者たちや複数の政党の主張を理解しなくてはいけない。

そして理解するには、選挙で争点となっているさまざまな問題を知り、自分なりに考えなくてはいけない。

要するに**参政権を行使するには、社会の一員として頭を働かせる必要がある**のだ。

投票に行かない人が多いのは、考えるのが面倒だからなのかもしれない。

はっきり言って、投票しようがしまいが個人の自由だ。

少しでも自分の望むような世の中になってほしいと思う人は、熱心に考えて投票すればいいし、何でもどうでもいいと思っている人は投票しなければいい。

しかし妙なのは、みずから参政権を放棄しておいて、いざ自分に不都合なルールができたときに文句を言う人が多いのではないか、という点である。

参政権を放棄するということは、「国の行方を決める権限を誰かに付託する権利」を放棄するということだ。

つまり、「私はどのようなルールを作られても文句を言いません」と宣言できるというのなら、投票に行かなければいい。

それが嫌なら、自分なりに考えて投票することだ。


社会は複雑で、常にさまざまな問題がある。考えれば考えるほどわからなくなることもあるかもしれない。1つひとつ考えていった末に、自分の考えがまとまったとしても、100%一致する候補者や政党がない可能性もある。

そこで、**選挙の際には、1つだけ「マイテーマ」を決めることをおすすめする。**

まず、**そのときの選挙の争点を洗い出し、そこから「自分にとって最重要な問題」を絞り込んでおけばいい**のだ。

たとえば、大きく分けて消費増税、原発再稼働、憲法改正が争点だとする。

自分なりに考えてみた結果、「消費税の増税には反対、原発の再稼働には反対、憲法改正には賛成」だったが、完全一致する候補者や政党がない。

そこで、何が自分にとってもっとも重要なのかを考えてみる。

「とにかく消費税の増税を避けたい」と思うのなら、投票の選択肢は「消費増税に反対している候補者」に絞られる。もし、「消費増税反対」を主張している候補者が複数いたら、ほかの争点も合わせて検討する。

「消費増税反対」の候補者は2人だったとしよう。

1人は「原発の再稼働に反対、憲法改正に反対」、もう1人は「原発再稼働に賛成、憲法改正に賛成」だったら、今度は原発か憲法か、どちらのほうが自分にとって重要か考えてみる。

「原発再稼働反対」ならば前者、「憲法改正賛成」ならば後者が、自分の一票を投じるべき候補者だ。

これで、3つの争点のうち全部ではないが、より重要と自分が考える2つでは一致する候補者を選べたというわけだ。

図表3 選挙の際の思考法

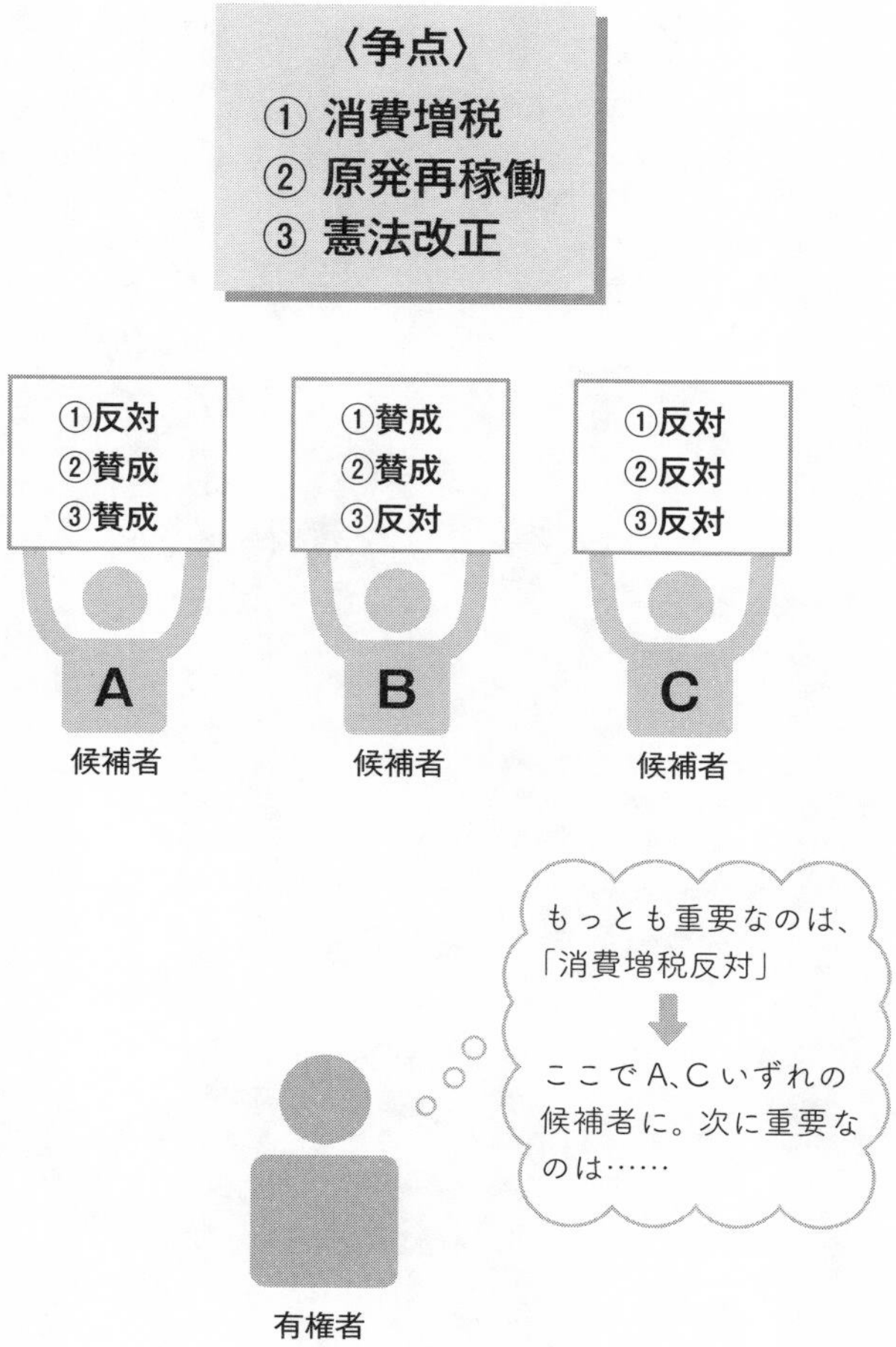

きわめてシンプルな思考法だと思うが、どうだろうか。

自分にとって最重要な争点で一致していれば、それ以外の点で意見が違っていても目をつぶるしかない。そうでなくては誰も選べない。

「あちらを立てれば、こちらが立たぬ」というのが政治の一面だ。

私たちにとっては投票がまさにそれだ。「どこで妥協するか」を考えなくてはいけないケースが大半なのである。

「100%賛同できる候補者がいないから投票したくない」というのは、あまりにも青すぎるというべきだろう。

「風」をつかんだ者が選挙で勝利する

政治家にとって、選挙は「風」のつかみ合いだ。

風はどうして起こるのか。

多くのテーマについて、国民の反応を見ると、20％は強固な賛成、20％は強固な反対、残り60％は明確な意見なしという状態がしばしばだ。その場合、60％の奪い合いになるが、そのときの情勢次第で、この60％が賛否を左右することがある。

それが風だ。

民衆は往々にして雰囲気やイメージに流されやすいものだから、いかに風を巻き起こし、自分たちの追い風とするかが勝負の分かれ目となる。

一例を挙げるなら、２００９年の総選挙などは好例だろう。

このときは、次々と露呈していた自民党議員の疑惑を「追い風」とした民主党が勝利した。

社民党、国民新党との連立ではあったが、民主党は長年のスローガンだった「政権奪取」を叶えた。その風は非常に勢いがあり、少なくとも10年は続くかに見えたのだ。

しかし、蓋を開けてみれば、3年ほどで民主党には逆風が吹くことになり、2012年には政権から追いやられてしまった。

なぜ、民主党政権は3年しかもたなかったのか。

――未曾有の大災害となった東日本大震災の対策で、下手を打ったからではないか。

――「脱官僚主義」を標榜したことで官僚を敵に回し、行政がうまく回らなくなったせいではないか。

――普天間基地の移転問題で迷走したからではないか。

理由はいくらでも後付けできる。

だが、**本当のところは、何が追い風となり、何が逆風となるかは、風が起こってみ**

なければわからない。

ある党が「圧倒的優勢」と報じられると、対立する政党に投票する人が増えるという現象がある。これを「アンダードッグ効果」という。

一方、「圧倒的優勢」と報じられた政党に多くの人が投票するという現象もある。これを「バンドワゴン効果」という。

アンダードッグ効果か、バンドワゴン効果か、どちらに転ぶかは、風が吹いてみないとわからない。

まさに風のつかみ合いなのだ。

ふわふわしている人たちが投票するから、選挙もふわふわしたものになるというわけである。

「風」に流されるかどうかは、自分次第

選挙では、たった1つの行動や発言で、一気に風向きが変わってしまうこともある。

２０１７年の総選挙では、小池都知事が「希望の党」を結党し、自身は都知事に在職しながら、党首として選挙を指揮した。

小池氏としては、自分が党首を務める政党の衆議院議席数を伸ばしておいて、満を持して国政に返り咲きたい。

そういう筋書きを描いているのだろう、というのが多くの見方だった。

「このままいけば、本当にその思惑通りになり、小池氏が日本初の女性総理大臣になる日が来るかもしれない」とまで囁かれていたのだ。

鳴り物入りでスタートした「小池・希望の党」への風向きが一気に変わったのは、例の「排除」発言がきっかけだった。

民進党を解党し、民進党の候補者を希望の党に合流させる。

小池氏との会談後、当時の前原民進党代表は、民進党両院議員総会で「希望の党公認を申請すれば、排除されることはない」と説明し、希望の党への合流に満場一致の賛成を得ていた。

ところが、その後、記者会見に臨んだ小池氏は、「安保、改憲で主張の異なる民進党候補者」について問われた際、「排除されないということはない、排除する」と言ってしまった。

すぐに「取捨というか、絞らせていただく」と言い換え、さらに話題を変えたが、発言をなかったことにはできなかった。

この「排除」のひと言は、あっという間に世間に広まり、批判の大嵐が起こった。

そもそも政党というのは、おおむね同じ政治的立場をとる人たちの集まりだ。**自分たちが考える「正しい政策」を実現するために、集団というパワーを使う。それが政党なのだから、小池氏が「政党として重視する点で主張が異なる人を迎え入れることはできない」という考えを示したのは、決して横暴とはいえない。**

しかし、この「排除」発言がきっかけで、小池氏率いる希望の党はあっという間に勢いを失い、選挙の結果も惨憺たるものになった。

「日本初の女性総理大臣・小池百合子」説がウソだったかのような失速だった。

過去の例から非常にわかりやすいものを挙げたが、大なり小なり同じようなことが毎回、選挙では起こっている。**各党、いかに対立する政党に逆風を吹かせるか、いかに自党に追い風を吹かせるかで、しのぎを削り合っている。**


さて読者は、各政党が必死に風をつかみ合っているという選挙の実態を、どう捉えるだろうか。政党が選挙のたびに必死で風のつかみ合いをしているのは、それだけ有権者が風に流されやすいからだ。

風に流され、イメージや雰囲気だけで投票する有権者となるか。

それとも、そういうものに多少、影響されるのは仕方ないとしても、せめて自分なりに重要な争点について考え、あくまでも各候補者、各政党の主張、政策を見て投票するか。

ここでもう一度、自分の投票行動を振り返ってみてもいいかもしれない。

政治とは「必ず不満が生じるもの」、ではどうするか？

私たちは選挙で、社会のルールを決める権限を持つ人を選ぶ。

選挙で選ばれた人は、「私たちのために、いいルールを作ってくださいね」ということで権限を付託されたわけだから、当然、そのために粉骨砕身、働く。

しかし、ルール作りには常に難しさが伴う。自分に権限を付託してくれた人たちが全員、同じ要望を持っているわけではないからだ。

1つのルールが、ある集団を利すると同時に、別のある集団にとっては不利になる、それが常である。

つまり万人が納得できるルールを作ることなど、まず不可能なのだ。権限を付託する身としては、そのこともよくよく肝に銘じておかねばならない。

自分の投票行動を振り返ってみても、それは明らかだろう。

選挙で3つの争点があったとして、1つ、ないし2つの争点で自分が賛同できる人に投票する。めでたく当選したとしても、その人が、もし3つめ、自分が賛同できない点のルール作りから着手したら、当然、自分は不満を抱くことになる。

自分が選んだ人が当選した場合ですら、不満が生じる可能性があるわけだ。これは仕方がない。

政治は私たちの暮らしをよくするためのものだが、だからといって多くを求めすぎないほうがいい。

「万人にとっての正解」などないなかで、**100点を出すことは不可能**だからだ。

学校でも、赤点以下を取らない限り合格とされ、進級できるはずだ。

政治も、同じように考えてはどうだろうか。**民主主義の国では、政治の原理原則は「多数決」**だ。

つまり、半数以上の不満が出なければいい。**点数にすれば、51点で「合格」**なのである。

第二次安倍政権のころ、よく私が「安倍政権は60点で合格」と評価していたのも、そういうわけである。10人に4人は不満を抱いていても、6人が満足しているのなら、その政権はうまくやっていると見るべきだろう。

万人にとって絶対的に正義といえるものは、実はきわめて少ない。

基本的人権、信教や職業選択、表現の自由などはすでに憲法に定められている。その下で行われるルール作りでは、異なる利害をもつ社会集団同士のせめぎ合いの連続なのだ。

つまり**政治とは、必ず不満が生じるもの**なのである。

そこで大事なのは、決して腐らずに考え続けることだ。

一番避けるべきは、よく考えもせずに、脊髄反射的に文句だけ言うことである。これでは有権者とはいえない。ただの駄々っ子である。

たとえば、新たに作られたルールに不満を抱いたとする。

そのルールは、「不満は感じるが、まあまあ許容してもいいもの」なのか。「自分とは違う立場に立って考えてみれば、納得できるもの」なのか。それとも、「自分の存在に関わるくらい、どうしても許せないもの」なのか。

許容してもいいと思えるもの、自分にとっては不利でも納得できるものならば、多少の不満は飲み込むことだ。

別のルールに目を向けてみれば、自分にとっては有利だが、ほかの誰かにとっては不利であり、不満を飲み込ませている場合だってあるに決まっている。

社会は「お互い様」なのである。

もちろん、その新たなルールが、どう考えても「自分の存在に関わるほど許せないもの」ならば、堂々と声を上げればいい。

自分という一有権者の意思を示すチャンスは、次の選挙だ。

やりようによっては、多くの人の票を束ねて選挙結果に影響を及ぼすことも可能だろう。ブログやＳＮＳなどで問題意識を発信するというのも、１つの方法かもしれない。

有権者としての自分の熱意次第である。

「参政権の放棄」は、民主主義の精神に反する〝一番の愚行〟

選挙は結局、数の論理である。

今の政治家にいくら不満があろうと、その人は天から押し付けられた為政者などではなく、民衆によって選ばれた為政者なのだ。

選挙で勝つために、各候補者も各政党も、「数」で他を圧倒できるように苦心する。しっかりと公約を打ち出すのはもちろんだが、それだけでは不十分だ。いいイメージを振りまき、自分たちに有利な世論形成を試みる。企業の広報戦略と同じだ。

その帰結として、選挙結果がある。

公約を見て投票する人、イメージで投票する人、さまざまだろうが、結局のところ、**すべては有権者の総意**であるとしか言いようがないのである。

当選した人の国会議員としての活動が、個人的にどうしても気に入らないとしよう。

「前回はその人に投票してしまったが、とんだ見当違いだった」と思うのなら、その人を責める以上に、その人に票を投じてしまった自分の見識の浅さを反省したほうがいい。そのうえで、次の選挙ではもっと深く考えて投票すればいい。

「前回、その人に投票しなかったが、その人が受かってしまった。案の定、とんでもないことばかりする」と思うのなら、次回も違う人に投票すればいい。

自分と同じような見方の人が過半数ならば、結果をひっくり返すことができる。

一票の力は単独では微小だが、数が集まれば力になる。

くれぐれも、「自分が投票しようとしなかろうと、選挙の結果は変わらない」などと考えないことだ。

そのような考えで**参政権を放棄することこそ、民主主義国家に暮らしながら民主主義の精神に反する、一番の愚行といっていい。**

2章

日本の選挙制度を考える

――こうして「民主的プロセス」は守られている

なぜ日本は「二大政党」にならないのか
――「デュベルジェの法則」

国民が直に政治に関わるものといえば選挙だ。

十数年前、「これで日本もアメリカのような二大政党制になる」という話題が盛り上がった時期があった。実際、２００９年の総選挙では野党第一党の民主党が大勝し、ほんの3年ほどの間だったが政権与党を務めた。

しかし、それ以降、二大政党制になったかといえば、そうではない。日本には依然として小さな政党がいくつもあり、選挙のたびにわずかな議席数を争っている。

なぜなのか。

結論からいえば、日本では、政権与党を決める衆議院議員総選挙が「小選挙区制と比例代表制の併用」になっているからだ。

数量的な政治理論として**「デュベルジェの法則」**と呼ばれる法則がある。

日本が二大政党制になっていない理由を考える前に、この法則を説明しておこう。

デュベルジェの法則を導き出した数式は複雑だから割愛するが、法則そのものはシンプルだ。

「選挙の候補者は、その選挙区で選出される人数＋1人になる」――これだけである。

たとえば、ある地域で「2人を選出するならば候補者は3人」、「3人を選出するならば候補者は4人」に集約される、ということだ。

2人選出の地区で候補者が2人では、2人とも当選することになる。これでは選挙の意味がない。

では2人選出の地区で候補者が4人いたらどうなるか。

たとえば、1位の候補者が100票、2位の候補者が90票、3位の候補者が80票、4位の候補者が70票だったとしよう。すべて10票差と僅差だが、選出数は2人だから、3位と4位の候補者は落選し、候補者が多ければ多いほど、票は分散する。

どれほど僅差であっても、もちろん、落選した候補者には何の権限も付託されない。

落選は落選、「負け」は「負け」であり、その候補者たちは、ただ「選挙に出馬したことのある一般人」になるだけである。

小選挙区制では、1つの選挙区から、たった1人しか当選できないため、たとえば反A党の有権者ならば、「A党に勝てる立候補者に投票しよう」と考えることが多くなる。そうなると、あらかじめ近い主張をしている人たちが協力し、候補者を1人に絞ることで票の分散を避ける、という選択をするのが自然である。

単純に言えば、1人の見込み集票数は80票程度、もう1人の見込み集票数は70票程度でも、2人合わせれば150票、つまり逆転1位当選できる可能性すら見えてくるからだ。

というわけで、2人選出の選挙区の候補者は3人に集約される。

選出者数が3人だろうと10人だろうと100人だろうと、「その地区での選出数+1人」の候補者になる傾向がある。

何人も候補者が立って何人も落選するのではなく、「誰か1人だけが落選する」というミニマムの候補者数に絞られる、といってもいいだろう。

図表4　デュベルジェの法則

～選挙の候補者は、その選挙区で選出される人数＋１人になる～

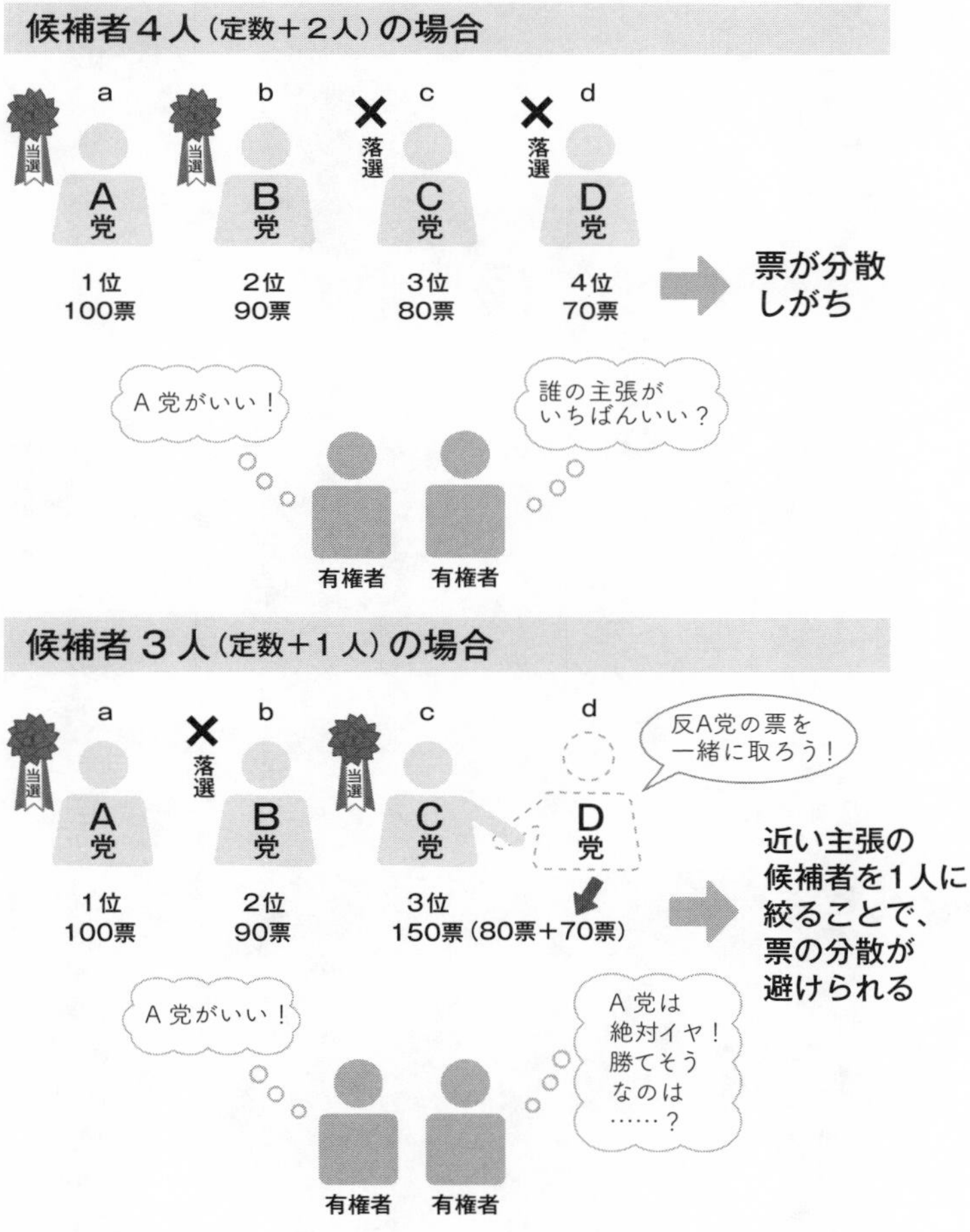

多数決で1人の候補者を決める小選挙区制では少数政党は生き残りにくく、逆に得票率を元に議席を配分する比例代表制では、少数政党にも議席を獲得するチャンスが大きくなる。

つまりは**選挙制度には、当選する候補者を、ひいては国政を大きく左右する力をも有するというのが、デュベルジェの法則のいわんとするところ**である。

本当に二大政党を望むなら、方法は簡単

デュベルジェの法則がわかっていると、なぜ日本が二大政党制にならないのかも簡単に理解できる。

問題は、政党の規模や支持基盤ではない。選挙制度なのだ。

二大政党制になる条件を、デュベルジェの法則を元に考えるとどうなるだろうか。

候補者は「その選挙区の選出数＋1」になるわけだから、**各選挙区を「1人選出」とすれば「1人選出＋1」で2人の候補者が各選挙区で出馬することになり、結果的に二大政党制になる。**

その好例は米大統領選挙だ。

アメリカにも小さな政党はたくさんあるが、大統領選では、結局、共和党から1人、

民主党から1人が立つ。そして、各選挙区で共和党の大統領候補者と民主党の大統領候補者が票取り合戦をする。はっきりいえば、第三の候補にはまず勝ち目はない。

まさにデュベルジェの法則のとおり、各選挙区が「1人選出＋1＝2人の候補者」になっているわけだ。

その点、日本はどうか。

かつては中選挙区制であり、1つの選挙区の選出数は3～5人だった。デュベルジェの法則に当てはめれば、選挙区ごとに4～6人の候補者が立つことになるから、それだけたくさんの政党があった。

今は小選挙区制と比例代表制の併用になっている。

ここに、日本が二大政党制にならない最大の理由があるのだ。

小選挙区制では、各選挙区から1人が選出される。もし小選挙区制だけだったら、「1人選出＋1＝2人の候補者」という二大政党制の条件が満たされる。おのずと政党も2つに集約され、有権者の選択肢は「2つに1つ」だ。

一方、比例代表制では、有権者は「支持政党」に投票する。

図表5 なぜ、日本は二大政党制にならないのか？

❶ 小選挙区

1つの選挙区から当選1人

↓

二大政党の条件が満たされる

＝ 有権者の選択肢は「2つに1つ」

❷ 比例代表制

選挙区の区切りがない

↓

二大政党の条件が満たされない

＝ 有権者の選択肢は「3つ以上から1つ」

※日本の選挙は、❶と❷の併用。
比例代表制という選挙制度である限り、
「二大政党」にならない。

政党支持票は、11の「比例代表ブロック（選挙区）」ごとに集計され、あらかじめ政党内で決められている名簿中、順位が高い順に当選者が決まる。何人が当選できるかは、政党支持票の数による。

もうわかるだろう。

比例代表制には選挙区の区切りがない。つまり「1人選出＋1＝2人の候補者」という法則が成り立たない。ここでは複数の政党が政党支持票を取り合い、議席を争う。有権者の選択肢は「2つに1つ」ではなく、「3つ以上から1つ」だ。

なぜ、日本は二大政党にならないのか。強い野党がいない「自民一強状態」を嘆く論調もあるようだが、それは本質的な理由ではない。

比例代表制という選挙制度がある限り、選挙で戦う政党が2つに絞られないからである。「小選挙区制だけにする」と決めてしまえば、今ある複数の小政党は、より主張の近い大政党に合併吸収され、自然に二大政党制になっていくだろう。

2つのうち「マシなほう」を選ぶか、複数から「ベスト」を選ぶか

比例代表制がなくなって「1人選出」の小選挙区制だけになれば、日本も「1選挙区に2人の候補者」、すなわち二大政党制になるだろう。

小さな政党は、比較的主張が近い大きな政党に吸収され、自然と「1人選出で候補者2人」へと集約されていく。それを望まない小政党の反発があるから、小選挙区制だけにならないと見ることもできる。

政党の傾向は、大きく分ければ、自由資本主義、社会資本主義、共産主義の3つだ。

アメリカは、自由資本主義の共和党、社会資本主義の民主党が二大政党であり、共産党がない。だから二大政党制になりやすかったといってもいいだろう。

ただし、**小選挙区制だけにするのをよしとするかどうかは、個々の価値観次第だ。**

二大政党制では、有権者の選択肢は「2つに1つ」だ。

細かい点を見れば賛同できないところがあっても、いってしまえば「もう1つの政党よりはマシ」という選び方になる。

また、全員が「2つに1つ」を選ぶわけだから、どちらか一方が過半数を獲得する。

たとえば候補者Aに投票したのに、候補者Bが過半数を獲得して当選したら、自分が支持したAの声は国政に届かない。

つまり、過半数を獲得しなかったほうに投票した人の票は、いわゆる「死票」になるわけだ。

一方、中選挙区制や比例代表制では、有権者の選択肢の幅は広い。

多種多様な政党があるから、もっとも自分の考えや感覚にフィットする候補者や政党に一票を投じることができる。

比例代表制では、政党支持票の数によって議席数が決まるから、多くの票が「死票」にならずに済む。たとえ自分が投票したのが弱小のD党だったとしても、D党が1議席でも2議席でも獲得できれば、自分の一票が生きたということだ。

一票一票の積み重ねが政党支持票なのだから、自分の一票もまた、支持する政党の議席獲得を可能にした「数」の一部なのである。

この点だけ見ると、候補者が2人に絞られる小選挙区制は「世論をざっくり2つに分ける乱暴なやり方」と映るだろう。選択肢が多ければ、自分にとってベストな選択ができる。有権者としては、そのほうが気分はいいかもしれない。

しかし、別の視点をもってみると、選択肢が多いがゆえの弱点もある。

政党がたくさんあれば、それだけ有権者の票は分散する。

極端なことをいえば、仮に10個の政党があって、それぞれから1人が国会議員になったら、どうなるか。メンバー10名の国会で、まさしく十人十色の主張が繰り広げられ、何も決まらないだろう。

つまり、**支持政党のチョイスが多いというのは、投票するときは気分がよくても、その政党の掲げる政策が実現されるかどうかは常に危うい。**

先ほど「たとえ自分が投票したのが弱小のD党だったとしても、D党が1議席でも2議席でも獲得できれば、自分の一票が生きたということだ」と述べた。

たしかにそうなのだが、実際問題として、しょせん1議席や2議席では国会で何の存在感も示せない。**自分の一票が生きて支持政党が議席を獲得することと、その支持政党の主張が国政に反映されることは別の話**なのだ。

その点、「2つに1つ」を選ぶ方法ならば、必ずどちらか一方が過半数になる。

自分が選んだほうが過半数にならなければ「死票」になるが、過半数になれば確実に、その候補者が所属する政党の主張は国政に反映される。

そう考えると、世論を2つに分けてしまう方法のほうが建設的、と考えたくなる人もいるだろう。

そもそも、いろいろな違いを比較検討するより、「2つに1つ」を選ぶほうがわかりやすい、と考える人もいるかもしれない。

一方には「いや、それでも自分の主義や感覚に照らしてベストな選択をしたい」と考える人もいるだろう。「自分が支持しない政党が過半数を獲得し、まったく望まぬ方向に国が向かってしまう可能性は排除したい」と考える人もいるかもしれない。

図表6 選挙制度〈メリット〉〈デメリット〉

選挙制度	仕組み	長所	短所
中〜大選挙区制	●1つの選挙区から2人以上を選出	●死票が少ない ●有権者の選択肢の幅が広い	●弱小政党の主張は国政に反映されづらい
小選挙区制	●1つの選挙区から1人を選出	●二大政党制が実現しやすい	●死票が多くなる ●有権者の選択肢は少ない
比例代表制	●政党ごとの得票数に応じて当選者を決める	●死票が少ない ●有権者の選択肢の幅が広い	●弱小政党の主張は国政に反映されづらい

政策実現力を重視し、細かい点には目をつぶって「2つに1つ」を選びたいか、それとも、より多くの選択肢から自分がベストと思えるものを選びたいか。「死票」を覚悟するか、それとも自分の一票を生かしたいか。

これは、どちらのほうが正しいかという話ではない。

どちらかを正しいと思っても、選挙制度を自分の手で変えることはできない。

ただし、こうした視点をもっているかどうかで、政治参加意識に大きな違いが出てくるはずだ。

「一票の格差」が解消されない理由
――「ゲリマンダー」

日本では、たびたび「一票の格差」問題が取り沙汰される。

たとえばA地区の有権者は90万人、B地区の有権者は30万人だとする。

それぞれ選出されるのは1人だとしたら、全員が投票すると仮定して、A地区で当選するには最低45万0001票を集めなくてはいけないが、B地区では最低15万0001票で当選できる。

そう考えると、単純計算でA地区の有権者の一票の重みは、B地区の有権者の一票の重みの約3分の1になってしまう。B地区の有権者は、A地区の有権者3人分の票を持っているようなもの、といったらわかりやすいだろうか。

これが「一票の格差」の問題だ。過去には、「地区によって一票の重みが違うこと」が違憲に当たるかどうかを争う裁判も行われた。判決は「違憲ではない」というものもあり、「違憲」という判決でも「選挙無効の請求」は認めなかったため、結局、選挙そのもののやり直しはない。

2011年の最高裁では、2・30倍の格差を「違憲」と判断したので、国会は「一票の格差」を2倍以内にしようとしている。

いずれにしても、方法論的には実は簡単に解決できる。

要するに「定員に対する有権者の数」が問題なのだから、すべての選挙区の「定員に対する有権者の数」が同じ数になるように区切り直せばいいのだ。

先ほどのA地区とB地区の例でいえば、90万と30万を足して2で割り、60万人ずつの選挙区とすればいい。きっちり同数ずつというのは難しいかもしれないが、「何倍もの格差がある」と騒がれない程度には是正できるだろう。

ではなぜ、この方法がとられないのか。

単純な話、自分たちに有利なように選挙区を区切っておきたい、有力な候補者や政党がいるからだ。

図表7　1票の格差

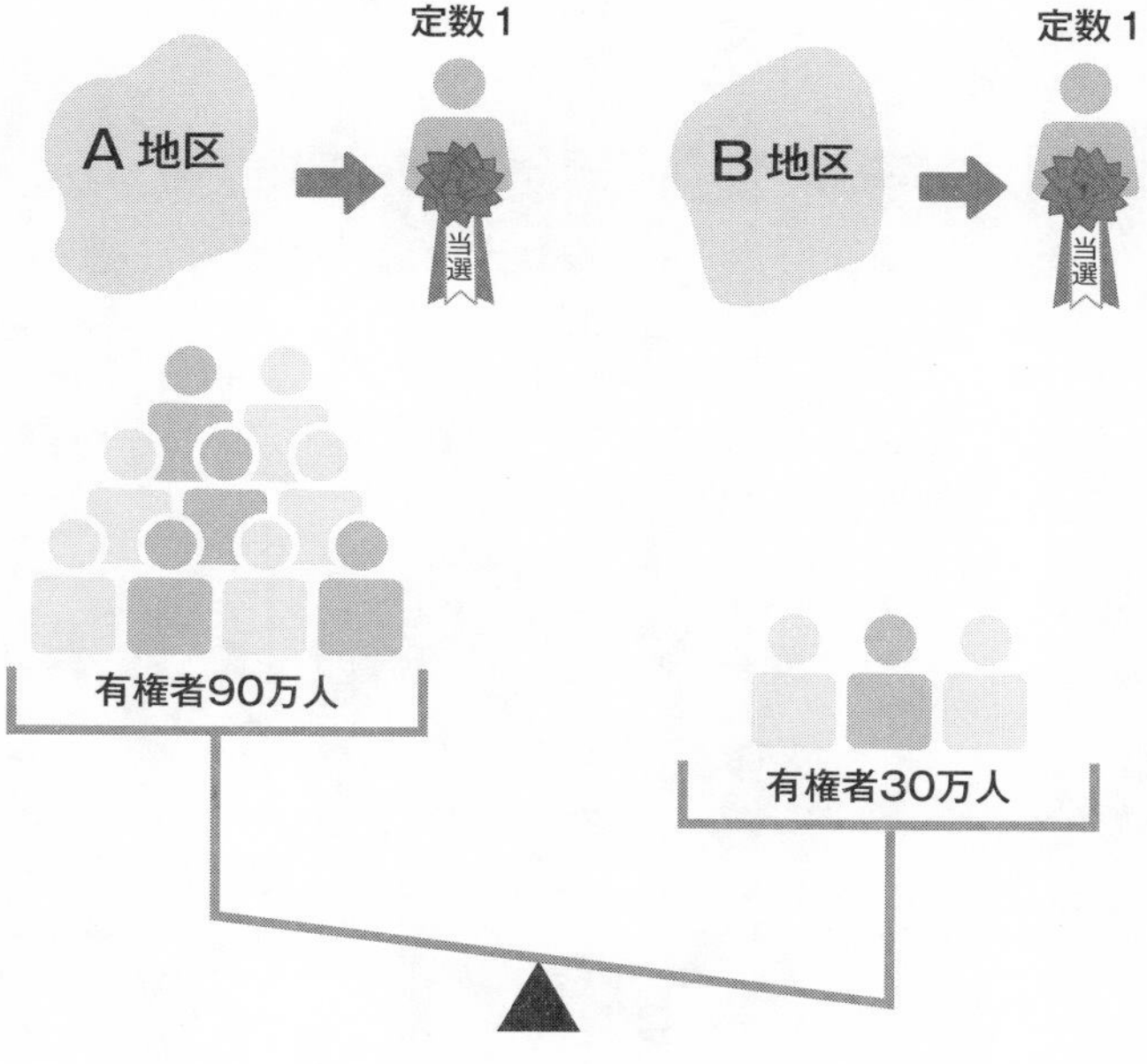

●共に「定数1」の場合、単純計算で
「B地区の1票(分)＝A地区の3票(分)」
ということに

たとえば、B地区選出のB氏にとって、B地区の有権者が30万人から60万人に拡大するのは非常に都合が悪い。

過去に自分は、過半数の15万0001票以上を集めて当選した。B地区が拡大されても、その15万強の人たちは、次も自分に投票してくれるだろう。

しかし、新たに加わった30万人の有権者の半数以上が対立候補に投票したら、自分はB地区の過半数30万0001以上の票をとれずに、落選する可能性が高くなってしまう。

つまり、人口による均等割りでは、今まで築いてきた地盤が生きなくなる可能性がある。そうなっては次から当選できなくなるかもしれない。だから、この問題は是正しないでおこう、という意図が働いているわけである。

このように、**特定の候補者や政党の有利になるように選挙区を区切ることを「ゲリマンダー」と呼ぶ**。そんな政治家の身勝手が許されていいものかと、憤慨するかもしれないが、政治家もしょせんは我が身かわいい1人の人間である。

よほど天下国家を揺るがしかねない大問題でない限り、あえて自分の不利になるような政策を提案する国会議員は、ほぼいないと考えたほうがいい。

これもまた政治の一面だ。

何でもかんでも「あるまじきことだ！」と感情的に捉えていては、やり場のない不満が募るだけである。**賢い有権者になるには、論理的、かつドライに考えたほうがずっと有効**だ。

そうすれば、もっと割り切って建設的に政治というものを捉え、冷静に観察できるようになるだろう。それが感情論によらず、論理的に考えられた投票活動につながるというわけだ。

現実には、最高裁も選挙無効とはいわないが、格差が酷いと「違憲」という。

そのため、政府は格差を是正しようと、区割りを見直す公職選挙法改正案を国会に提出し、それを国会が議決し、格差是正がゆっくりと行われている。

これは、「三権分立」（ｐ87）そのものの過程で、誰が本当に反対しているのを有権者はしっかりと見なければいけない。

投票のハードルを下げる難しさ
——「郵便投票」

2020年の米大統領選挙では**「郵便投票」**が大きな話題となった。

民主党・バイデン大統領候補と共和党の現職・トランプ大統領の戦いは、バイデン氏に軍配が上がった。

ところがトランプ氏は敗北を認めず、「集計作業で大規模な不正が行われた可能性が高い」として、法廷闘争に持ち込もうとしたのだ。

そこで注目されたのが郵便投票だ。

アメリカでは、投票所に行かずに郵便で投票したい場合、事前に「郵便投票用紙」を申請する必要がある。

この制度は昔からあるが、2020年は、例年に比べて申請が激増した。新型コロナウイルスが大流行するさなか、人が集まる投票所を避けるために郵便投票を選ぶ人が多かったのだ。

そして、いざ集計してみたら、郵便投票で投じられた票は、バイデン氏支持が圧倒的多数だった。

郵便投票を含む期日前投票の集計結果は、投票所での集計結果よりも遅く出る傾向がある。投票所での集計では優勢だったトランプ氏は早くも勝利宣言をしたが、その後、期日前投票の集計が進むにつれて劣勢に転じ、ついには逆転されてしまった。

この現象は、共和党のシンボルカラーである赤になぞらえて「レッドミラージュ（赤い蜃気楼）」と呼ばれたほどだ。

たしかに見えていたはずの勝利が、蜃気楼のように消えてしまった。これがトランプ氏には、どうしても納得できなかったようで、不正の疑いを主張したのだ。

結局、トランプ氏の訴えはすべて退けられた。

その後しばらく、熱烈なトランプ支持者によるデモや議会乱入など混乱が見られたが、最終的にトランプ氏は敗北を黙認し、バイデン政権が発足した。

ここでもう少し、先の大統領選を深掘りしてみると、制度の適用によって民主主義のあり方が変わる可能性を示しているともいえる。

アメリカには戸籍もなければ住民票もない。

あるのは、個人に割り振られたソーシャルセキュリティナンバー（社会保障番号）だけだ。

日本だと、投票日の前に必ず自分の氏名が明記された投票用紙が送られてくる。あたりまえすぎて理由を考えたこともなかったかもしれないが、これは住民票によって「自分がどこに住んでいるのか」を行政側に把握されているからだ。

では、住民票のないアメリカでは、どうしているのか。

実は役所に「私はこの州に住んでいる有権者です。ついては、今度の大統領選挙の投票権をください」と事前に登録申請しなくてはいけないのだ。

投票年齢に達しているアメリカ国民であれば、登録申請はすんなり通る。

しかし、日夜の境なく働いていて役所に行く時間がないとか、社会的リテラシーが低いなどで登録申請しない人もいる。たいていは貧困層や有色人種などの社会的弱者だ。

社会的弱者にも声があり、アメリカ国籍があれば、投票を通じて声を発する権利もある。ところが、登録申請制という制度の壁に阻まれて、その権利を行使できずにいた人たちが一定数いたと考えられるのだ。

先の大統領選挙では、新型コロナウイルスの感染拡大防止の観点から、郵便投票の規制がだいぶ緩められた。これで、今まで投票してこなかった社会的弱者も気軽に申請できるようになり、相対的に彼らの票数が増えたと見ることもできる。

傾向として、共和党支持者には白人マジョリティが多く、民主党支持者には有色人種を含む社会的マイノリティ（および彼らを支持する白人マジョリティ）が多い。つまり、今回は制度適用の加減が変わり、今まで投票してこなかった「潜在的民主党支持層」が投票したことで、民主党の得票数が底上げされたと見ることもできるわけだ。

当然、共和党のトランプ氏にはおもしろくない展開だ。

自分が大統領に選出されたときと同じような人たちだけが投票していたら、前回同様、勝てたかもしれない。そう考えると腹の虫がおさまらず、最後まで悪あがきしたくなったのかもしれない。

もっとも、郵便投票の制度を運営するのは現政権だ。トランプ大統領が制度運営をあらかじめ決めることもできたわけだから、トランプ氏の自業自得ともいえる。


ちなみにアメリカの大統領選は、各州に数十名の「選挙人」なる人物がいる。投票は個々人の手で行われるが、その州で過半数の個人票を得た候補者が、選挙人全員を獲得するという「勝者総取り方式」だ。

選挙人の人数は州によって異なるが、合計で538人だ。

つまり、どちらかが過半数の270人を得た時点で勝敗が確定する。

そこで敗者と決まったほうは、まだ結果が出ていない州があっても敗北宣言をするのが通常だ。

そう考えると、集計後もずいぶんごたついた今回は、何とも歯切れの悪い大統領選挙だったといえる。


もっとも、選挙に不正疑惑はつきものだ。

トランプ氏自身、前回の大統領選ではロシアと共謀した疑惑がある。**あれもこれも、すべて含んだのが選挙**なのだ。筆者は、米大統領選について12月14日の選挙人投票日までは意見をいったが、その後はいっさい控えた。トランプ氏や日本でのトランプ氏応援の有識者は、その後も自分の主張を言い続けていた。政治はどこかで議論を終わりにしなければいけないので、筆者の基準では彼らの往生際が悪かったのは残念だった。

さて、問題の郵便投票だが、2020年の米大統領選で不正が行なわれたかどうかは別として、なかなか難しい制度であることはたしかだ。申請した本人が本当に投票しているのか、行政側で管理しきれないからである。

投票所に出向いて投票する場合は、投票所に配置されている立会人が直に本人確認できる。もちろん不正を働こうと思えばできなくはないが、その確率はかなり低く抑えられる。

しかし郵便投票では、投票者の本人確認ができない。

たとえば、申請者本人ではない人が投票用紙に記入して投函するなど、簡単に制度を悪用できてしまうのだ。

日本にも一応、「郵便等による不在者投票」という制度がある。ただし、アメリカの郵便投票制度と比べると、要件がかなり厳しい。

日本の「郵便等の不在者投票」は、

①「身体障害者手帳もしくは戦傷病者手帳」を持っており、なおかつ両下肢や体幹、移動機能、心臓、肝機能などに重い障害があると認定されている人

②「要介護5」に認定されている人

このいずれかに当てはまる人しか、申請できないようになっている。

(尚、2021年6月、新型コロナウイルスに感染して、自宅やホテルにて療養している患者らを、新たに郵便投票の対象に加える内容の公職選挙法特例法が成立した)

要するに、日本の郵便投票制度は、「投票所にみずから足を運ぶことが非常に困難であると、公的に認められている人」だけが利用できるということだ。

郵便投票がもっと気軽に利用できれば、投票のハードルは下がるかもしれない。

しかし一方、投票所での投票よりも不正を防ぐことが難しいことを思えば、郵便投票制度の利用要件が厳しくなっているのも、うなずけるのではないだろうか。

トランプ氏も、日本の制度を勉強し、そのとおりに運営しておけばよかったと悔やんでいるかもしれない。

投票所で配られる「もう1枚の投票用紙」をムダにしない

選挙といえば、もう1つ、触れておきたいことがある。

日本では「間接民主制」が徹底されているが、例外的に「直接民主制」が採用される場合がある。

①国民投票（国会が「憲法改正の発議」をしたときのみ）

②最高裁判所の国民審査

③地方自治における「住民投票」「直接請求」

（住民の生活に密着した都道府県や市町村の政治は、国の政治に比べると、直接民主制的な側面が強く出るように設計されている）

このうち、「②最高裁判所の国民審査」だが、総選挙の際、投票所に行くと、小選挙区用の投票用紙、比例代表用の投票用紙に加えて、もう1枚、用紙が配られることを覚えているだろうか。

これこそ「最高裁判所裁判官国民審査」の審査用紙である。

最高裁判所裁判官国民審査とは、憲法に定められた制度である。

その名のとおり、最高裁判所の裁判官を国民が審査するというものだ。国民は罷免すべき裁判官と、引き続き在職すべき裁判官を指名できる。

審査用紙には、審査の対象となる最高裁裁判官の名前が列記されている。

そのうち、辞めさせたいと思う裁判官には「×」、辞めさせなくてもよいと思う裁判官には「○」をつければいい。

しかし、はたして読者のなかで、事前に最高裁判所裁判官についてきちんと調べたうえで、この審査用紙に「×」や「○」を記入したことがある、という人はどれほどいるだろうか。

選挙では、各候補者や各政党の主張を事前に調べておかなくては、誰に投票するか、どの政党に投票するかを決められない。

最高裁判所裁判官国民審査も同様に、事前に自分で調べる必要がある。投票所に行く前に最高裁判所裁判官を自分なりに審査しなくては、誰に「×」や「○」をつけていいやら判断できない。

では、どうやって審査したらいいか。裁判官の仕事は、裁判を精査し、判決を下すことである。その判決が、自分の価値観に照らして妥当なものかどうか。これが罷免すべきか、在職させるべきかの判断材料となる。

したがって、裁判官を審査するには、今の裁判官が、どのような判決を出してきたのかを調べる必要がある。その気になれば簡単だ。

まず、国民審査が行われる際には、審査の対象となる裁判官の生年月日をはじめ、経歴、関わった主要な裁判をまとめた審査広報が発行される。必要な情報は、こちらさえ求めればすぐに得られるようになっているのだ。

そもそも、裁判の判決には公開の原則がある。

最高裁判所のホームページには、すべての最高裁判所裁判官について、経歴や主要な判決が掲載されている。各裁判官の経歴や、裁判官としての心がけなども載っているから、それぞれの職業意識や倫理観なども伝わってくる。

国民審査をきっかけに関心が高まったら、時々、そういうページを覗いてみるのもいいだろう。

こうして裁判官が下した判決を知ることはできても、それが妥当なのかどうかを判断するのが難しいと思ったかもしれない。たしかに司法に詳しくない人なら、もっともな懸念だ。

そういう人には、過去の判例を参考とすることをおすすめする。過去、最重要と思われる判例を集めた『判例百選』などがいいだろう。

『判例百選』は民法、刑法、憲法といくつかに分かれている。すべてそろえると、それなりのボリュームになるが、読んでみれば意外とおもしろいはずだ。これも社会勉強の一環と思って目を通してみるといい。

最高裁判所など自分には縁遠いものと思えるかもしれないが、これは**「司法を監視する」という国民の義務であり権利**である。それを**行使しないのは、憲法で保障された権利を放棄するということ**だ。

もちろん、**行使するのもしないのも個人の自由**である。

だが、世界には司法が機能していない国や、めちゃくちゃな司法が横行している国もある。そのことを思うと、**司法を監視できるというのは、立憲民主制の法治国家に生まれたことで得た特権**ともいえる。

そんなせっかくの特権を放棄して平気なのだろうかと、私などは思ってしまうのだが、どうだろうか。

3章

「国会」では何が行われているのか

——批判する前に理解したい「国会議員の仕事」

国家運営の原理原則は「憲法」
――ここから始めよう

「政治学」と聞いて、よくわからない印象を抱く読者は多いのではないか。政治は当然、政治家が行うものだ。

しかし、それに「学」がつくとは、どういうことなのか。実は私自身、ファクトやデータよりも言葉ばかりを駆使する社会学自体にはあまり価値をおいていない。政治学も同様だ。

とはいえ、**政治に関する知識を「考える武器」とすることは、この社会を賢明に生きていくうえで非常に重要**である。

では、ふんわりした政治学としてではなく、**この社会を賢明に生き抜く1つの武器として政治を考えるには、何を足がかりとすればいいいか。**

結論から言えば、「憲法」である。

日本という国の国家運営は、日本国憲法の下で行われている。

国会のことも内閣のことも、すべて憲法に定められており、国会議員も内閣総理大臣も閣僚も、その定めに従って仕事をしているに過ぎないのだ。この基本中の基本から出発しなければ話にならない。

憲法に触れずして政治について考えようとすると、政治思想史といった、これまたふんわりした言葉の世界に迷い込むことになる。教養や思考訓練としてはおもしろいかもしれないが、社会を生き抜く武器たる知識としては、弱いといわざるを得ない。

憲法では、三権分立を国の基本制度としている。

三権とは、

- **立法**……国会（法律を作る）
- **行政**……内閣（国会で決まった法律や予算に基づいて政策を実行する）
- **司法**……裁判所（憲法や法律に違反していないかを裁く）

の3つである。

この〈立法〉〈行政〉〈司法〉をそれぞれ独立した機関とし、互いに監視させることで、権力の過度な集中を防ごうとするものだが、なかでも、**「国会は、国権の最高機関であつて、国の唯一の立法機関である」（日本国憲法第41条）**と規定されている。

なぜかといえば、国会を構成する国会議員になるためには、国民によって選挙で選ばれる以外に方法がないためである。

●国会……国民に選ばれない限り、国会議員にはなれない

●内閣……「総理大臣」と十数名の「国務大臣」によって構成。国務大臣は「過半数が国会議員」であればいい。

●裁判所……日本で一番難しいともいわれる〈司法試験〉を突破することが前提条件だが、選挙で選ばれるわけではない。

それでは、憲法をベースとして、まず国会と国会議員について見ていこう。

図表8 三権分立のしくみ

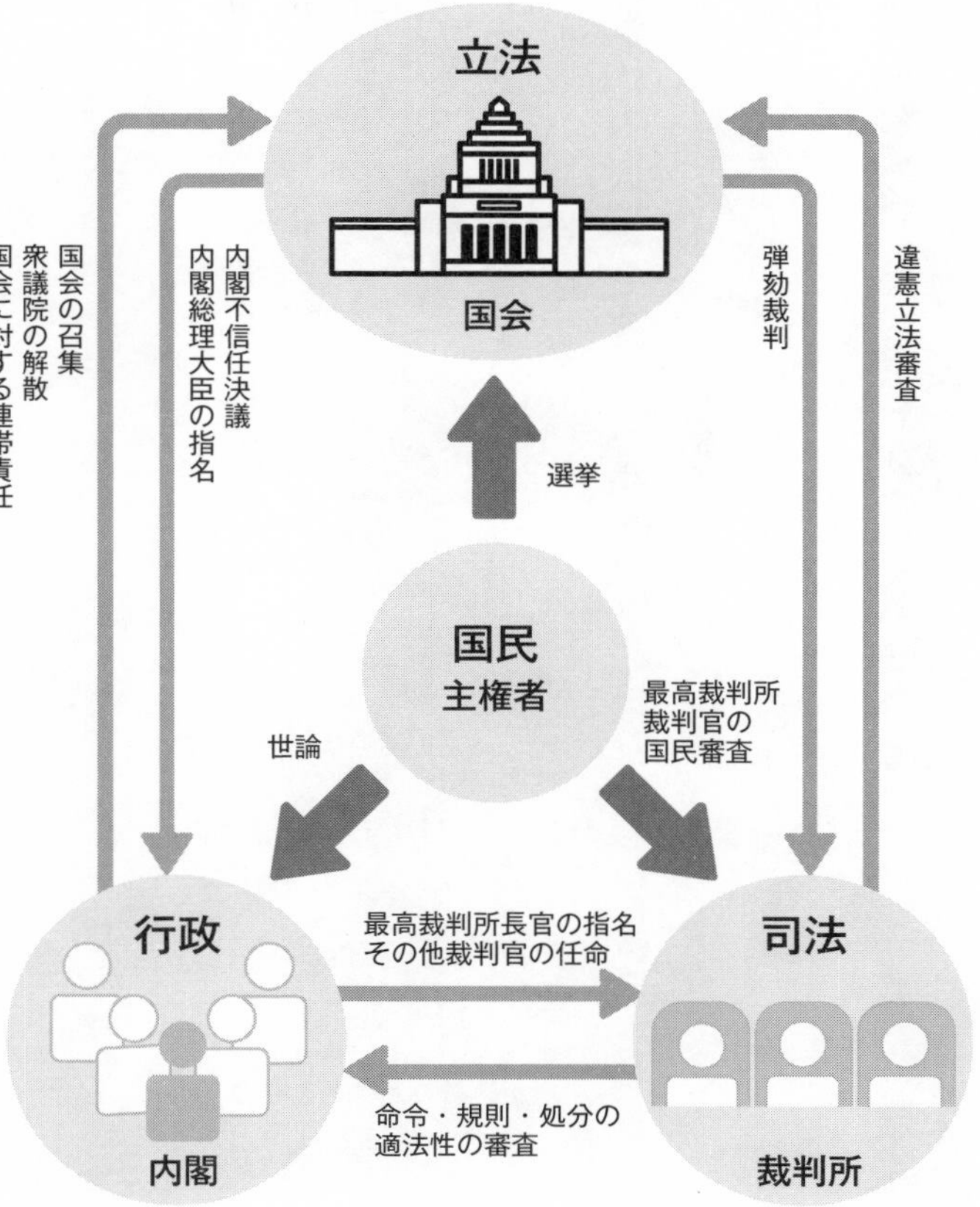

衆議院のウェブサイトから転載

日本国憲法は11章からなる。

「国民主権」を明記した前文、「天皇」について定めた第1章、「戦争の放棄」を定めた第2章、「国民の権利及び義務」を定めた第3章ときて、「国会」については第4章で定められている。

この章の内容さえわかっていれば、国会議員がどのような権限や規定の下、いかなる仕事をしているのかはすべてわかる。

憲法は国の「最高法規」であり（この点も憲法第10章で定められている）、国会では、憲法に記されていないことは行われないからだ。

重要なのは、国会とは、この国で唯一の立法機関であるという点だ。

立法とは法律を作ること、つまり社会のルール作りをする場が国会だ。

その国会に参加している国会議員たちは何をしているのかといえば、新しい法律を作ったり、既存の法律に修正を加えたりするための議論をしているわけである。

国会には衆議院と参議院があるが、いずれも、国民によって選挙で選ばれた議員たちで構成される。

図表9 日本国憲法は「前文＋103条」からなる

前文以外の日本国憲法の構成

第1章
天皇（第1条～第8条）

第2章
戦争の放棄（第9条）

第3章
国民の権利及び義務
（第10条～第40条）

第4章
国会（第41条～第64条）

第5章
内閣（第65条～第75条）

第6章
司法（第76条～第82条）

第7章
財政（第83条～第91条）

第8章
地方自治（第92条～第95条）

第9章
改正（第96条）

第10章
最高法規（第97条～第99条）

第11章
補則（第100条～103条）

憲法には、「（衆議院と参議院の）両議院は、全国民を代表する選挙された議員でこれを組織する。」（第43条）とある。

つまり、**「選挙にて全国民の代表に選ばれた議員が衆議院と参議院を構成する」ということが明確に定められている**のだ。

いつ「解散総選挙」になるのか？

「国会」について定めた憲法第４章の条項は、第41条〜第64条まで、24条に及ぶ。すべてを解説することはできないが、もう少し国会について定められていることを見てみよう。

国会が組織されるプロセスについて定められていれば、当然、解体されるプロセスについても定められている。

衆議院については「衆議院が解散されたときは、解散の日から四十日以内に、衆議院議員の総選挙を行ひ、その選挙の日から三十日以内に、国会を召集しなければならない」と定められている（第54条）が、ではどういうときに解散総選挙になるのか。

これには２つのケースがある。

まず、**衆議院が任期満了となったときに解散総選挙となるのが〈ケース1〉**だ。

衆議院議員の任期は4年と定められている（憲法第45条）。

内閣総理大臣は、国会議員から選ばれることになっている（第5章第67条）ため、内閣総理大臣の任期も4年でいったん切れることになる。

しかし、**衆議院が任期満了となる前に解散総選挙になる場合もある。衆議院で「内閣不信任案」が可決されたときだ。これが〈ケース2〉である。**

なぜ内閣不信任案が衆議院の解散につながるのかというと、次のようなわけだ。

次章で詳しく説明するが、内閣は行政機関だ。内閣総理大臣が各省庁の大臣を任命し、内閣を組織する。その内閣に対して衆議院で不信任案が出されたら、内閣総理大臣としてはどうしたくなるだろうか。

第5章第69条には、内閣不信任案が可決されたら（あるいは信任案が否決されたら）内閣総辞職しなくてはいけないとある。ただし、「十日以内に衆議院が解散されない限り」という条件つきだ。

では、衆議院解散は誰が決めるのか。手続きはいろいろあるのだが、実質的には内閣総理大臣の決定だ。

内閣総理大臣は、「衆議院を解散しよう」と決めたら、「このたび衆議院を解散したいので、みなさんにも賛成してほしい」と閣議にかける。

そこで全閣僚の合意を得なくては衆議院を解散できないのだが、内閣総理大臣は、自分だけの判断で閣僚をクビにすることができる。これも憲法で定められていることだ（第68条）。

つまり、衆議院解散に反対する閣僚を辞めさせて、賛成する閣僚を新たに据えれば、全閣僚の賛同を取り付けることができるのだ。

したがって、過去には例外もあるが、たいていは、内閣総理大臣が「解散しよう」と決めたら解散となる。

ちなみに、憲法には、国会の召集も衆議院の解散も〈内閣の助言と承認により〉天皇が行う〈国事〉と定められている（第7条）。**決定するのは天皇ではないが、天皇の「詔書」をもって実行されるという手続きが踏まれる**のだ。

衆議院解散の際には、衆議院委員長が「解散の詔書」を読み上げて解散となる。

これは「解散権の帰属」問題として、憲法の解釈をめぐる議題の1つとして取り沙汰されることもある。

さて、以上のように、内閣総理大臣は事実上、独自の判断で衆議院を解散できる。内閣不信任案が出されたら、「不信任案を出すあなた方のほうが間違っている」と、逆に衆議院議員を全員クビにして、解散総選挙に持ち込むことができるわけだ。

実際には、衆議院が解散総選挙となったケースは、2021年6月現在、戦後25回あるが、そのうち任期満了はたった1回しかない。

ほとんどが、野党から出された内閣不信任案決議が可決されたか、内閣総理大臣が支持率を窺いつつ、時機を睨んで解散を決めたかのどちらかである。

選挙は、いってしまえば「勝ってなんぼ」だ。

衆議院の任期満了のタイミングで、たまたま政党支持率が下がっていたら、次の選挙で負ける可能性が高くなる。

したがって、内閣総理大臣としては、政党支持率が高いタイミングで解散総選挙に持ち込みたい。衆議院を解散できるのは内閣総理大臣だけだから、この特権を最大限、活かそうとするわけである。

たとえば安倍前総理は、2017年の解散の判断が「一番当たった」と見ているようだ。

たしかに、このときは小池都知事の「希望の党」が十分な準備を整える前に先手を打ち、結果、自民党は大勝した。

ニュースで「総理、9月にも衆院解散を決断か」といった報道を耳目にすることもあるだろう。「ふーん」ではなく、「なるほど、より多くの議席を勝ち取るためにタイミングを計っているのだな」と見れば、政治を見るのが少しおもしろくなるはずだ。

衆議院を解散すると、内閣総理大臣も、いったん自分で自分をクビにすることになる。総選挙の結果を受けて政権につく党が決定し、党内の「首班指名」によって内閣総理大臣が決まる。

解散前まで内閣総理大臣だった人が総選挙で落選する可能性もあるし、ほかの政党に政権を奪われる可能性もある。

つまり、解散を決めた人が、次も総理になれる保証はない。

ただし、これは理論上の話である。

過去には閣僚経験者が落選して大騒ぎになったことはあるが、内閣総理大臣になれるほど党内で上り詰めた人が、総選挙で落選するというのはまず考えられない。

そもそも、それほどの人になると、自分の選挙区ではあまり活動せず、応援演説で全国を駆け回るのが常だ。**総理になるほどの人は、地元で改めて顔を売らなくても当選できるくらいの確固たる人気と党内パワーのある人、というわけである。**

「国会」
――〝本会議〟と〝委員会〟

さて、日本の国会は「**会期**」と呼ばれる、一定期間にのみ活動を行う会期制を採用しており、会期は国会の召集により始まる。

会期の種類は、以下の３つである。

常会〈通常国会〉

毎年１月に始まる。期間は１５０日。

最大の任務は翌年度（その年の４月～一年間）の予算を決めること。

一回だけ期間を延長することができ、これを延長国会という。

特別会〈特別国会〉

衆議院総選挙が行われてから30日以内に開かれる。内閣総理大臣を選ぶ。特別国会に合わせて審議する大事な問題があれば、各党の話し合いで開催期間が決まる。二回まで延長可能。

臨時会〈臨時国会〉

急いで法案を審議しなければならなくなったり、補正予算を組む必要が出てきたときなど、通常国会を補うために不定期に開催。

衆参どちらかの議員の4分の1以上の要求があった場合も開かなくてはならない。二回まで延長可能。

また、国会（会期）というと、議員が一堂に会し、多数決で法案や予算案を決めていく「本会議」のイメージが強いが、本会議はどちらかというと、議会に特化した場であり、**国会による細かい審議は、その前の「委員会」を中心に進められている（委員会中心主義）**。

図表10 **国会の種類と委員会**

通常国会	特別国会	臨時国会
●1月スタート 150日間開催 ●延長は1回まで ●予算や法律を決める	●内閣総理大臣を選ぶ ●衆議院の総選挙後、30日以内に開かれる ●延長は2回まで	●通常国会を補うために不定期開催 ●衆・参議院のどちらか4分の1以上の議員が要求した場合も ●延長は2回まで

（その他、参議院の緊急集会もある）

衆議院の委員会

常任委員会

内閣委員会	総務委員会	法務委員会	外務委員会	財務金融委員会
文部科学委員会	厚生労働委員会	経済産業委員会	農林水産委員会	国土交通委員会
環境委員会	安全保障委員会	国家基本政策委員会	予算委員会	議院運営委員会
決算行政監視委員会	懲罰委員会			

特別委員会

災害対策特別委員会	地方創生に関する特別委員会	北朝鮮による拉致問題等に関する特別委員会

〜他

衆議院と参議院には、それぞれ「予算委員会」「内閣委員会」「総務委員会」といった17の「常任委員会」が設置されている。

法案を最終的に本会議に上げるかどうかを決めるのは委員会のため、法律の制定において委員会が持つ力は大きい。

1つの委員会は原則として、20名~50名の国会議員で構成される。

大臣や副大臣などの一部の例外を除き、国会議員は会期中、いずれかの常任委員会に所属し、2つ以上の委員会をかけ持ちしている議員も少なくない。

「立法」には2つの種類がある

――「議員立法」と「閣法」

すでに述べたように、日本国憲法第4章を見れば、国会議員はいったい何をしているのか、仕事の内容が明確にわかる。

まず、国会は、この国で「唯一の立法機関」であることから、**国会議員の仕事の1つは立法、法律を作ることだ。**

立法には、「議員立法」と「閣法」の2種類がある。

国会議員が行うのは議員立法だ。法案の発議、審議、成立については「国会法」に詳しく定められている。

国会議員が法案を提出したいと思ったら、まず、衆議院では20名、参議院では10名以上、予算が必要な法案の場合は衆議院では50名、参議院では20名以上の議員の賛成を得なくてはいけない。

必要なだけ賛同者が集まったら、晴れて本会議で「私はこういう法案を出したい」と発議できるのだが、道のりはまだ長い。

議長の采配により、法案は、まず適当な「委員会」に振り分けられる。**議員立法の法案は、委員会での審議、承認を経て改めて衆議院本会議に提出され、そこでも審議された末に可否が決まる**というプロセスだ。

国会議員の仕事が法案を出すことならば、法案が乱立することはないのだろうかと思ったかもしれない。

たしかに個々で好き勝手に法案を出しては、国会が混乱したり、ムダに長引いたりしてしまうだろう。自分の支持基盤にアピールするためだけに、可決する見込みもない法案を提出する議員も出てきかねない。

こうした事態を避けるために、「**一定の賛同者を集めて初めて本会議で発議できる**」、さらには「**委員会で承認されて初めて本会議で審議できる**」というプロセスが決められているのだ。

この議員立法とは別に、政権与党ならば、閣議決定した法案を衆議院本会議に提出することもできる。

国会議員としてではなく、行政府である内閣の総意として、つまり政府から衆議院に法案を提出しますよ、ということだ。これを「**閣法**」と呼ぶ。

閣法は、官僚が内閣法制局と相談しながら法案を作成する。それが閣議にかけられ、閣議決定したら、内閣総理大臣が国会に提出するというプロセスになっている。

つまり**政権与党には議員立法と閣法と、2つの立法手段があるのだが、実際には、政権与党の議員が議員立法することは、あまりない。**

なぜなら、法案は党の公約に関わるようなものが大半であり、それほど重要なものであれば、議員立法より閣法として出したほうが通りやすいからだ。

そのため、議員立法を行う大半は野党議員だ。

閣法は内閣総理大臣の「肝入り法案」

議員立法の場合、法案の責任者は発議した議員たちだ。

一方、閣法は、内閣総理大臣の責任のもとで行われる。つまり**閣法とは、「総理大臣の肝入りの法案」といえる。**

したがって、どの法案を閣議決定するかを決めるのも内閣総理大臣である。**数ある政権与党の公約のうち、どの公約に関わる法律を優先して閣法にするか、これは、たいてい内閣総理大臣が政府トップとして何を重視するかによる。**

例を1つ挙げると、**「土地取引規制法案」**（重要土地等調査・規制法）だ。

簡単に言うと、この法案には、安全保障上、重要な土地や建物の利用実態や所有者の氏名・国籍などを政府が調査し、外国人が所有することを規制する目的がある。

たとえば、自衛隊基地に近接する土地を中国人が買い占めたら、国家の安全に関わりかねない。土地の所有権を持つのは民間人だとしても、密かに中国政府が出張ってきて軍事機密情報を傍受することなどが可能になってしまう。

このように、**国土の所有権を外国人が手にするというのは、安全保障上、大きな問題**なのである。それだけに、今までにも、複数の党が土地取引を規制する法律を議員立法してきたが、なかなか成立までいかなかった。

それを閣法として提出しようと準備を進めてきたのが、今の菅政権なのだ。

菅総理は、この法案を非常に重視しており、かねてより閣法として出すと明言していた。

尚、本書執筆中の2021年6月、賛成多数で可決。成立した。

実は、菅総理は過去、衆議院議員として、類似した法案を出したことがある。北朝鮮の万景峰号《マンギョンボン》の入港を規制するという法案だったが、これは議員立法だった。

当時も自民党が政権与党であり、北朝鮮に関する安全保障も政権を挙げて取り組むべき一大命題だった。

だが、北朝鮮船の入港を規制するというのを閣法、つまり内閣の総意として出してしまうのは、さすがに具合が悪いという判断が働いたのだろう。

こうした経緯があることに鑑みても、今国会で成立した「重要土地等調査・規制法」は、まさに菅総理の肝入り法案であることが窺われる。

メディアのいう「強行採決」本当の意味とは

立法には「議員立法」と「閣法」の2種類がある。

閣議決定に基づき、政府として提出する法案は閣法だから、必然的に議員立法は野党議員によるものが大半だ。

では、野党議員が出した法案が通ることはあるのか。実はほとんどない。

少し考えてみれば、当然のことだとわかるはずだ。

選挙でより多くの票を獲得し、過半数の議席を得た政党が政権与党となる。一党だけでは過半数とならず、連立を組む場合もある。現在の自民党と公明党の連立政権もそうだ。そして法案の可否は多数決で決まる。

ということは、より多数の議席を持つ党、つまり政権与党の意見がもっとも通りやすいに決まっている。政権与党とは主義主張の異なる野党の議員の法案は、通りづらくて当然なのだ。

もちろん例外はあるが、ごく稀だ。主義主張の違いに関係なく、普遍的に重要と思われる法案は、野党議員が出したものでも可決することがある。愚にもつかない当たり障りのない法案、といっては失礼かもしれないが、野党の主張を通しても、抽象的であまり実効性がなかったり、政権与党に傷がつかない法案だ。「たまたま野党議員が提案したが、政権与党としてもずっと考えていたことであり、賛成だ」という感じである。

議員立法も閣法も、本会議での審議の末、採決が取られるが、メディアで**「強行採決」**なる言葉が取り沙汰されることがある。「採決を強行する」という何とも不穏な響きを持つ言葉であり、100パーセント否定的に報じられる。

しかし何のことはない。これは**単なる多数決**なのだ。

与党と野党は対立しているが、先にも述べたとおり、数は与党のほうが多い。だから多数決を取れば、たいていは与党の主張が通る。当然、与党と対立している野党は、この決定に反発する。

そんなあたりまえの現象を、メディアが勝手に「強行採決」と呼んでいるだけなのだ。

十分に議論されないまま強引に採決をとるのはけしからん、というのがメディアの根拠なのだろうが、そもそも、審議にかける時間は、あらかじめ決められている。これは他国の議会でも同様だ。

ルールに従って審議し、期限がきたら多数決を取る。それだけのことである。


英語には「強行採決」などという単語はない。英語ネイティブに説明しようと思っても、「それってつまり、多数決で議決したってことでしょ？」と言われておしまいだろう。多数決と別ものとしては理解不能だから、訳せないのだ。

要するに**「強行採決」とは、日本語にしか存在しないほど妙で非普遍的な概念**ということである。そこで怒号が飛ぼうと乱闘になろうと牛歩が起ころうと、つまるところ「多数決を取っているに過ぎない」のだ。

衆議院で可決された法案は参議院に提出され、参議院でも可決されたら成立となる。

参議院で否決された場合は、再度、衆議院で議決を取り、３分の２以上の多数で可決されたら成立となる（憲法改正に関する法案などの例外はある）。憲法59条に定められていることだ。公民の授業のごく初期で習った内容ではないだろうか。

こういう法案成立の仕組み上、参議院で野党が過半数を占める「ねじれ国会」だと、法案成立のハードルは、政権与党にとって少しだけ高くなる。

せっかく衆議院で可決しても、野党が多数を占める参議院で否決されてしまったら、今度は衆議院で3分の2以上の賛同を得なくてはいけない。政権与党の議席数によっては、これが難しい場合がある。

といっても、上院（日本の参議院）と下院（日本の衆議院）のねじれ状態は、二院制の国ではよくあることだ。参議院で否決されないよう、政権与党が参議院の根回しに労力を割かれるだけで、ねじれ自体は特に問題視すべきことでもない。

「ねじれ国会」などよりも、法案の成立を左右するものがある。

ここで説明してきたとおり、むしろ**衆議院本会議に提出される法案が閣法か議員立法かで、法案の可否は大きく分かれる**といったほうがいい。

「予算審議」も国会議員の大事な仕事

立法することに加えて、もう１つ、「予算を審議すること」も国会議員の仕事だ。テレビなどの国会中継でも「衆議院予算委員会」などと銘打たれているのを見たことがあるだろう（ちなみに「国会は公開される」というのも、憲法で定められている）。

行政とは「政策を実行すること」であり、それは行政府である内閣以下、各省庁の役割だ。では、各省庁が担当する政策に、どれくらいカネをかけたらいいか。

カネは無尽蔵ではなく、国民が納めた税金や、国債を発行して得た資金をやりくりして予算を捻出しなくてはいけない。

その加減を話し合うのは、内閣ではなく国会の役割なのである。

国会中継を見ていると、なんだかわけのわからない論戦が繰り広げられているように見えるかもしれない。
しかし、すべては立法と予算審議に関わっている。

たとえば、いっとき安倍元総理が激しい追及を受けた「森友学園問題」もそうだ。騒動が大きくなるにつれて論点がぼやけていったきらいがあるが、もとをただせば、あれは「国有地の売買が適切だったかどうか」という問題だ。

国有地の売買は財務省の管轄だから、問題は「財務省の行政は適切だったか」である。それを見きわめるために、財務省の関係者の答弁だけでなく、証人喚問も行われたわけである。

そんなことは立法や予算に関係ないと思ったかもしれないが、大ありだ。

立法も予算審議も、出口は行政だ。ある政策を行うには法整備とカネが必要だから、それを国会で話し合おうということである。

このように、分かちがたく法律と予算と結びついている行政が、もし不正を働いていたとしたら、国会が担っている立法も予算審議も足元から揺らぎかねない。

つまり、**「国会で決められた法律を実際に適用し、国会で通った予算を実際に使って政策を行う側＝行政機能」をチェックするのも、国会の重要な機能というわけだ。**

いくら審議しても疑惑が払拭されず、内閣不信任案へと発展すれば、それこそ解散総選挙ということになる。

国会の主な仕事は8つある

いままで説明してきたものも含め、国会の主な仕事は以下の8つである。

衆議院の優越あり

①法律の制定・改廃

内閣か国会議員によって提出された法律案について、参議院で否決されても衆議院で3分の2以上の多数で再可決すれば法律となる。

②予算の議決

内閣が提出した予算案に基づき、政府の1年間の収入と支出の見積もりを決める。

衆参各議院で議決が異なる場合や30日以内に参議院が議決しない場合は、衆議院の議決どおり。

③条約締結の承認

条約を「締結」するのは内閣だが、国会で「承認」されないとその条約は効力を有しない。衆参各議院で議決が異なる場合や30日以内に参議院が議決しない場合は衆議院の議決どおり。

④内閣総理大臣の指名

内閣の長である総理大臣を、国会議員の中から指名。

衆議院のみ

⑤内閣不信任決議

衆議院の出席議員の過半数の賛成により、内閣を総辞職させることができる。

衆議院の優越なし

⑥憲法改正の発議

衆参各議院、それぞれの本会議で総議員の3分の2以上の賛成で可決した場合、国会が発議。

⑦弾劾裁判所の設置

裁判官が罪を犯した場合、その裁判官の裁判は裁判所には任せず、14名の国会議員で構成される弾劾裁判所が担当。

⑧国政調査権の発動

主な委員会に与えられた、国の政治について調査する権限。さまざまな記録を国会に提出させたり、「参考人招致」や「証人喚問」という形で国会に証人を呼んだりすることができる。

意外と短い「憲法の賞味期限」

法律は、一般の人たちが思っているよりもずっと賞味期限が短いものだ。だから国会では新法の立法だけでなく既存法の改正も多く審議される。

賞味期限が短いのは憲法も同様である。

「国の最高法規」として、日本では憲法が不可侵のものに思われているところがあるようだ。しかし、**実は国の最高法規であるからこそ、憲法も、時代の変化に応じて変化してしかるべき**なのだ。

こういうことを言うと、決まって、「憲法9条を破棄して、戦争ができる国にしようというのか」といったヒステリックな声が飛んでくる。

そういう人には、ぜひ「海を渡ってみる」ことをおすすめしたい。

「海を渡る」とは「海外の事例」に目を向けてみるということだ。

これは「川を上る」＝「過去の事例に学ぶ」ことと合わせて、感情に流されたりせずに物事を冷静に、的確に捉えるために必要な視点である。

では、憲法改正について、海外はどうなっているのか。調べてみると、実は、それほど珍しいことではないことがわかる。

日本では「憲法＝戦争放棄」という発想が強く、それが憲法改正に対する嫌悪感に直結していると思われる。一方、海外の憲法改正の例は、国と地方の関係や議会のあり方など、統治機構に関するものが大多数だ。

日本の憲法改正も同様になると考えれば、タブー感は少し薄れるのではないか。

戦後における憲法改正回数を見てみると、アメリカ6回、カナダ18回、フランス27回、ドイツ57回、イタリア15回、オーストラリア3回、中国9回、韓国9回。

ところが日本はゼロ回である。

憲法第9章第96条では、憲法の改正には「この憲法の改正は、各議院の総議員の三分の二以上の賛成で、国会が、これを発議し、国民に提案してその承認を経なければならない。この承認には、特別の国民投票又は国会の定める選挙の際行はれる投票において、その過半数の賛成を必要とする」とされている。

法律は、そのときどきの社会的要件に応じて変わっていくべきものなのに、「この条件をクリアしない限り、変えてはいけない」と定められているのだ。賞味期限が短いという法律の性質からすると、厳しすぎるのではないだろうか。

しかも、2007年までは、肝心の具体的な手続きが規定されていなかった。

そのため、憲法96条に基づいて憲法改正しようにも、2007年までは事実上できなかった。

そんな事情が少し変わったのは、第一次安倍政権時代のことだ。

憲法96条を実際に機能させる手続き法として「日本国憲法の改正手続に関する法律」(国民投票法)が制定された。

具体的な憲法改正については、国会議員(衆議院100人以上、参議院50人以上)の賛成により憲法改正案の原案が発議され、衆参それぞれの憲法審査会で審査されたのちに、本会議に付される。

そして、両院それぞれの本会議にて3分の2以上の賛成で可決した場合、国会が憲法改正の発議を行う。これをもって国民に提案したものとされる。

国民投票は、憲法改正の発議をした日から60日以後180日以内に、国会の議決した期日に行われる。国民投票で過半数になったら改正案が通るわけだ。

日本は、「世界一、憲法改正が難しい国」——それはどうなのか?

日本では、憲法96条が、憲法改正の大きなハードルとなっている。

国の最高法規だから、その他の法律よりは改正の条件が厳しくて当然だ。ただし、「両院それぞれの本会議にて3分の2以上の賛成」で、ようやく国民に是非を問えるというのは、さすがに厳しすぎるのではないか。

そこで、第一次安倍政権の自民党は、「96条の憲法改正発議要件を3分の2から2分の1へ引き下げること」を考えた。

当時、安倍元総理自身も言及していたように、これには十分な議論が必要だ。

そこで、議論を深めるための基礎知識として、諸外国の憲法改正要件を整理しておこう。

憲法改正手続きは、(1)通常の法律の成立要件と同じ（軟性憲法）か、(2)通常の法律の成立要件に加重する（硬性憲法）かに分かれる。主要国では、(1)はイギリス、イスラエル、ニュージーランドくらいで、(2)が多い。

(2)のうち加重されるものとしては、①議会議決の加重要件（2分の1より大きい表決数、一定期間後の再議決）、②国民投票、③特別の憲法会議、④州の承認がある。

このうち、憲法改正の難易度の鍵を握っているのは、①の加重された表決数、②国民投票、④州の承認と考えてもいいだろう。

そこで(ア)加重された表決数（再議決は0・1とカウント）、(イ)国民投票をやる場合は1、やらない場合はゼロ、(ウ)州承認の表決数、これら3つの数字を平均したものを「憲法改正難易度」として、主要国17カ国で計算してみた。

結果は、日本0・56、韓国0・56、中国0・22、インドネシア0・22、インド0・45、フランス0・53、ドイツ0・22、イタリア0・2、イギリス0・17、カナダ0・39、メキシコ0・39、アメリカ0・45、ブラジル0・23、ロシア0・42、トルコ0・23、南アフリカ0・39、オーストラリア0・5となり、日本はもっとも憲法改正難易度が高い国と見て取れる。

図表11 **各国の憲法改正難易度と改正頻度**

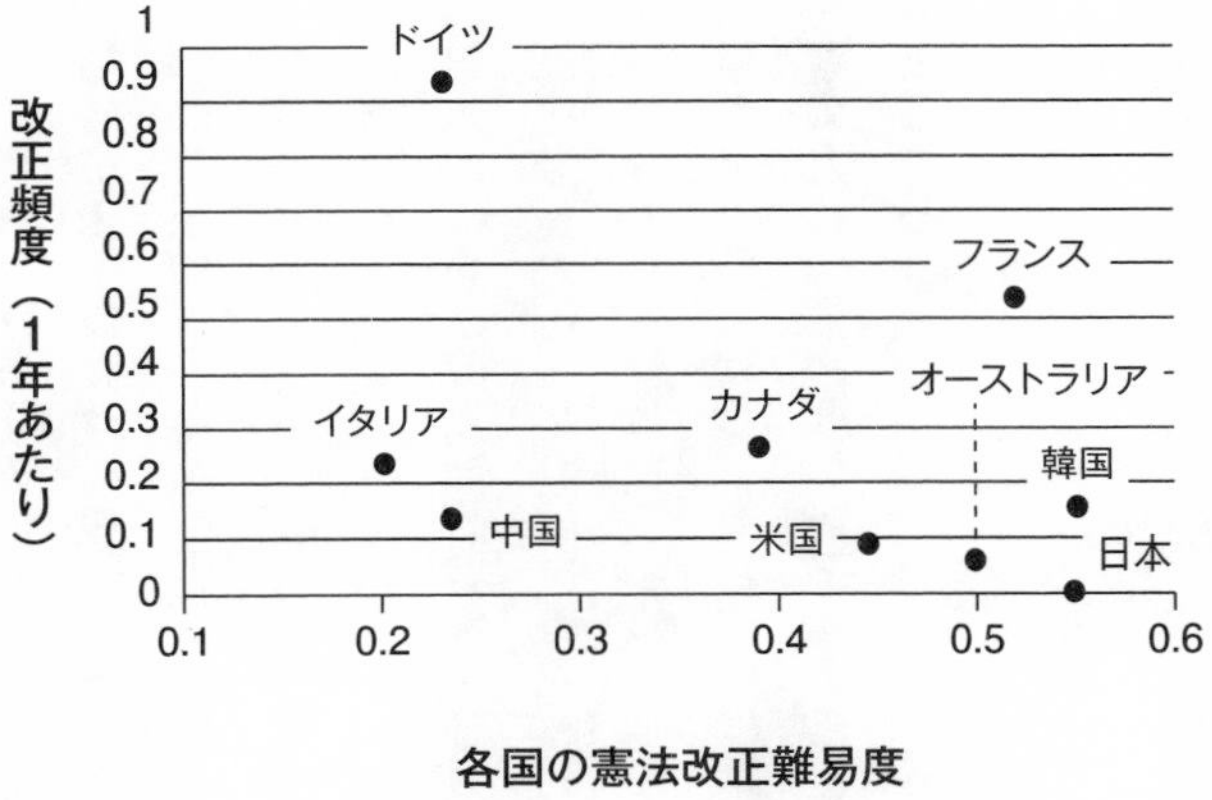

（資料）国立国会図書館「諸外国における戦後の憲法改正」（2010）。
改正難易度は筆者の試算

ちなみに、戦後憲法改正の回数が手元でわかっている9カ国で、憲法改正難易度と憲法改正頻度（1年あたり）の関係を示してみると、p125のとおりだ。

国民投票は改正のハードルが高く、17カ国中、日本、韓国、オーストラリア、フランス（政府提案以外）の4カ国しかない（ロシア、トルコ、イタリアには一定の場合にある）。

もし、日本が「憲法改正発議要件を3分の2から2分の1」としても、国民投票は残るため、主要17カ国で見れば、改正難易度はオーストラリアと同じで3番目に高いままだ。

国民投票があるのだから、最終的には国民が決める。

国民投票のための発議要件を下げることがどこまで問題なのか、じっくりと議論する必要があるだろう。

内閣官房参与辞任の本当の理由

２０２１年5月24日に、私は内閣官房参与を辞任した。

何度もいっているが、辞任の発端となった、ツイッターでの非常に下品な不適切な表現については反省している。家族までにも「お父さん、下品な表現」と言われたので、おおいに反省したいし、各位にお詫び申し上げる。

事の発端としては、ＩＯＣが「東京で新型コロナウイルス対策の緊急事態宣言が発令されていても、東京オリンピックは実施する」という趣旨の発言をしたことにある。

ＩＯＣを含め、欧米から見れば、日本の緊急事態宣言は戒厳令でもなく、非常に行動制限がゆるい。海外にしてみれば、緊急事態宣言しているか、していないかわからないぐらい、実は大したことはなく、つまり「オリンピックもできる」ということになる。
不適切な表現ばかりが取り上げられる結果となったが、ここで筆者が本当にいいたかったことは、**「日本は憲法改正をしていないから、海外から見れば〈しているか、していないかわからない緊急事態宣言をずるずる続けるしかない〉」**ということである。

では、なぜ、憲法改正がここで出てくるのか。

日本は平常時に憲法改正をしていないため、先進国ではほとんど唯一、憲法の中に緊急事態条項がない国になってしまっている。

緊急事態条項がないため、諸外国のようなきっちりした、非常に厳しい――つまり効果を上げることができる行動規制（非常事態宣言）ができない。

ちなみに、非常事態宣言を軍政移管を伴うときには戒厳令と呼び、両者を区別するときもあるが、先進国では軍政移管はまずないので、両者はほぼ同じだ。

いずれにしても、日本では「非常事態宣言」とはとてもいえないために、マスコミあるいは役所も「緊急事態」という言葉を使って、いわばいろいろ〈ごまかして〉やってはいるが、世界水準の行動規制とはまったく違うし効果も出ない。

事実、世界の先進国に比べて、日本だけが規制ができない。規制ができないため、いつも長々とやらなくてはならない。

そこで、**改めて憲法改正の重要性を指摘した**わけである。

これをデータでも示すために、Stringency Index でグラフで書いて出した。

Stringency Index とは、〈Covid-19 各政府の対応――厳格度インデックス〉の意味である。オックスフォード Covid-19 政府対応トラッカー（OxCGRT）で、学校や職場の閉鎖、公共イベントの中止、公共交通機関の運行休止、外出や移動の規制、外国との往来を規制など、20の指標について、パンデミックへの各政府の対応に関する情報を体系的に集めたものである。

その20の指標のデータを、さらに4つの共通インデックスとしてまとめ、各インデックスごとに政府の対応レベルを0～100で示し、これを全部足し合わせ、加重平均した、世界180カ国以上のデータが収集されている。

他の先進国では、今回の場合のような非常に厳しい状況（緊急時）には、ほぼレベル100にして、私権制限を行なっている。日本は先進国で最低で、レベル50くらいしかいかない。憲法に緊急事態条項がないため、それくらい緩い規制しかできないのである。

これは日本が憲法の議論をサボって、ちゃんとした有事対応ができていないという事実（ファクト）を、グラフに出したものともいえる。

緊急事態条項がないため、新型コロナ禍のような緊急事態であっても、効果が上がるまともな行動規制を日本ではできない。

はっきりいえば、海外からの新型コロナウイルスの流入を防ぐには、新型コロナウイルスを持っている人を特定することは不可能なのだから、すべての人を一定期間隔離し、従わない人に罰則を課す、つまり〈鎖国すればいい〉と誰でも思いつくだろうが、これができない。これは、かなり強い私権制限になるためである。

憲法上の規定なしで一般法による強い私権制限はできない。

ここで、一部野党のいう「憲法改正しなくても、法改正で強い私権制限できる（超法規的措置）」というロジックは、私としてはまったく得心できない。

図表12 COVID-19：Stringency Index

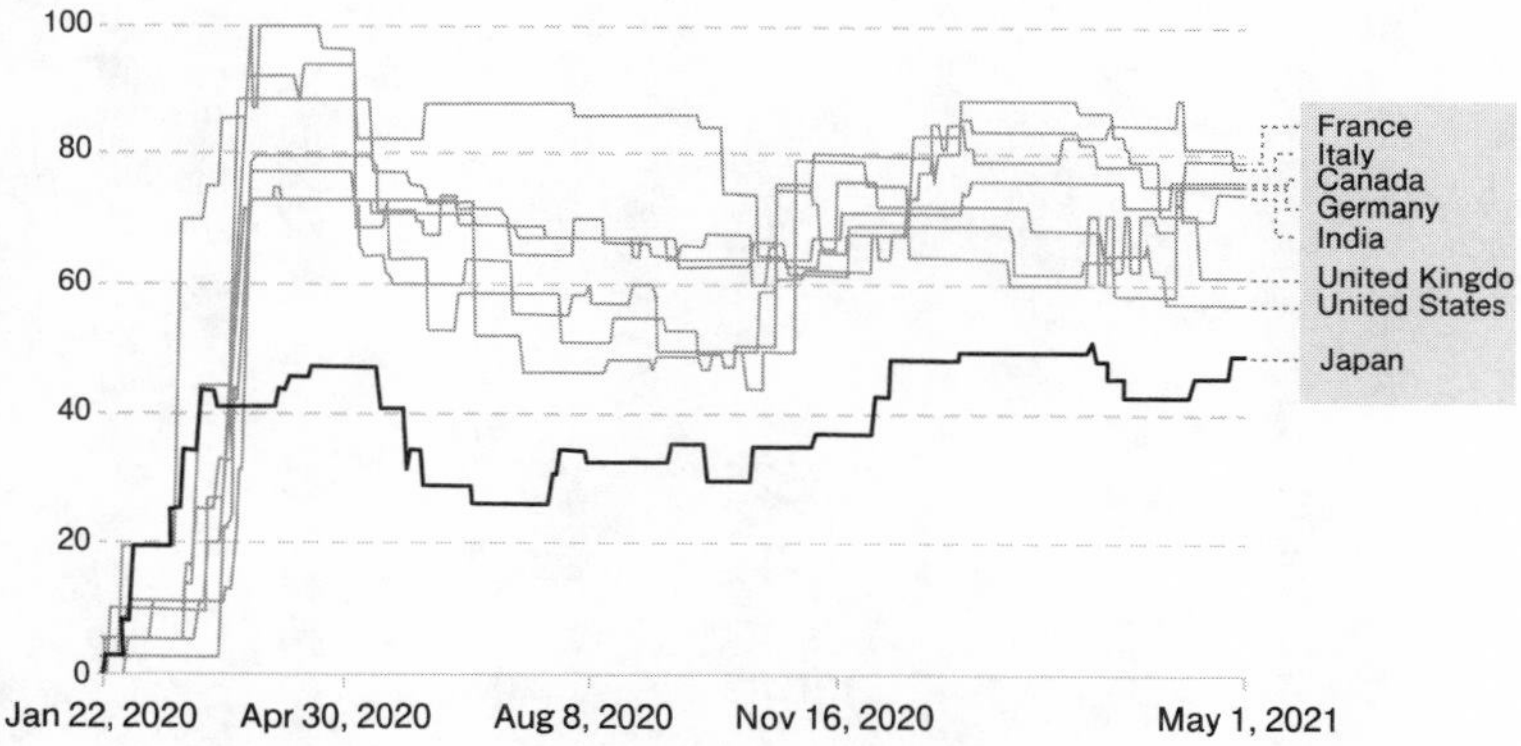

（資料）https://ourworldindata.org/covid-government-stringency-index

超法規的措置は、人命尊重や高度の公益の観点から実定法（憲法）上の根拠に欠ける措置を行政権が講ずることをいい、国家緊急権の発動形態の一つと考えられている。ただ、法治国家として、秩序維持の一貫性が保てなくなる危険性などもはらんでおり、国際的な信義の上でも批判が強い。

超法規的措置をとる方が、よほど危険であると筆者は考えている。

一方で、原則として憲法改正をして有事対応すべきではあるものの、「人命は最優先」という絶対的な前提に立って考えると、この状況下では政府も超法規的措置で新型コロナ対応をするのもあり得ない話ではないと、密かに思っている部分もある。

さて、では、野党やマスコミは、こういった背景や状況を、どこまで踏まえ、わかっているのだろうか。

「〈ファクトにもとづく〉まともな議論」が、果たしてできているのだろうか？

いや、わからないから、表現だけでやってしまっているのではないかと疑りたくなる。今回の件で図らずも、内容が議論できないということが、わかってしまった。

原理原則を無視して、感情だけで議論をしている気になっていいのだろうか。平時にしっかり議論しないで、有事に対応できなくていいのだろうか。

そして、今、対応できていないのは、野党やマスコミの怠慢である。

憲法改正については、日本国の怠慢を憤ったのは事実である。世界と比べると、日本の憲法は本当にひどい。

問題提起を意識してあのようなツイートになったわけである。

憲法改正は喫緊の課題といえる。

「違憲判決」は問答無用で法改正を求める

憲法について話してきたので、「違憲裁判」にも少し触れておこう。

まずおさらいになるが、憲法はすべての法律の上位にある。すべての法律は憲法に反してはいけないし、反していない前提で適用されている、ということだ。衆議院で立法する際にも、「この法案は憲法の定めに反するものではない」というのが大前提となる。

しかし、なかには「今まで疑問なく運用されてきたが、よくよく考えてみると憲法に反していないか?」という法律や、「今まで特に法的に問われてこなかったが、実は憲法違反ではないか?」という施策もある。

そこで行われるのが違憲裁判だ。「これは見逃せない憲法違反だ」と考えた人が提訴するのだが、たいていは地裁で退けられて諦めるか、がんばって控訴しても最高裁で退けられる。違憲判決が出るのは、きわめて稀なのだ。稀とはいえ、過去にはいくつか、違憲判決が出たケースがある。

違憲判決には、法令そのもの（全体もしくは一部）を違憲とする「法令違憲」と、ある法令が特定の件に適用されたことを違憲とする「適用違憲」の2種類がある。

２０２１年2月にも、沖縄県那覇市にある「孔子廟」について適用違憲の判決が出た。中国の思想家・孔子を祀った「孔子廟」の移転建設に際し、那覇市は市所有の公園の土地を無償提供した。それが「国及びその機関は、宗教教育その他いかなる宗教的活動もしてはならない」とする憲法第20条に反するとされたのだ。

市の所有物の使用料を免除すること自体には問題ないが、それが宗教色のある孔子廟に適用されたことが違憲とされたわけだ。

他にもいくつか例を挙げると、古くは１９７３年、尊属殺人を尊属外の殺人よりも重罰に処すると定めた刑法第２００条が、憲法第14条第1項「法の下の平等」に反するとされた。

また、２０１５年には、「女は、前婚の解消又は取消しの日から六箇月を経過した後でなければ、再婚することができない」と定めた民法733条が、憲法第14条第1項「法の下の平等」と、憲法第24条第2項「両性の本質的平等」に反するとされた。

この2例は見てのとおり法令違憲の判決だ。

今までに出ている違憲判決は、適用違憲が13件、法令違憲が11件だ。この数字を見ても、違憲判決は稀であることがわかるだろう。

適用違憲の場合は、法令の適用が違憲ということだから、適用した人が改めれば解決だ。「孔子廟」の件でも、那覇市長による使用料全額免除措置を撤回し、正当な使用料を請求するということで収まった。

一方、法令違憲は、法律自体が憲法に反しているということだから、直ちに法改正しなくてはいけない。

なお、一票の格差でも述べたように、「憲法違反だが、選挙は無効」ではないという判決もあった。これは、選挙をやり直す必要はないが、法律は改正せよとのことだ。

違憲とされた法律に関連する法律も、いわば芋づる式に改正を求められる場合があるため、関係省庁の官僚をはじめ職員はにわかに慌ただしくなる。

4章

本当に正しい「政治家の見方」とは

――雰囲気に流されず、正当に評価する方法

まったく不当でも不透明でもない「政治家とカネ」

政治というと、すぐに「カネとの癒着」と結びつけて考える人も多いようだ。おそらく、議員の仕事や活動内容が具体的に見えていないからだろう。

事実、**議員の仕事にはけっこうカネがかかる**。そのために、**ある程度の報酬や資金を得るのは妥当**といえるのだ。

国会議員の仕事のうち、特にカネがかかるのは立法のほうだ。

法案を「考えるだけ」ならばカネは不要ではないかと思うのは、あまりにも想像力がなさすぎる。

法案を作成するには、まず膨大な調べものをしなくてはいけない。

法案の種類にもよるが、みずからさまざまな場所に足を運んで視察したり、関係者に話を聞いたりすることも必要だ。

もちろん、議員の手となり足となって働く政策担当秘書などの人件費も、相応にかかる。3名まで認められている公設秘書の給料は国が負担しているのだが、それ以外に雇っている政策担当スタッフなどの人件費は、議員持ちだ。

立法に関わるもの以外にも、家賃や水道光熱費といった事務所の維持費、事務所スタッフの給料なども馬鹿にならない。ポスターやチラシを作ったり機関紙を発行したりと、有権者に議員活動の内容や成果を報告するにもカネがかかる。

こうした経費は基本的に国から支払われる給料、つまり「議員歳費」の中でやりくりしなくてはいけない。

議員1人のひと月当たりの経費は、およそ人件費に100万円、事務所費に数十万～100万円、活動費に400万円にもなるといわれている。

「政治家の給料が高すぎる」と文句を言っている人は、今、挙げた数字を足し算してみればいい。

さらに、ひとたび選挙となれば、選挙関係費もかさむことになるのだ。

このように、議員の仕事にはカネがかかる。

それも決して汚いカネの使い方などではなく、議員としての仕事をまっとうするために、そのつど必要なカネを使っているに過ぎない。たいていは議員歳費だけでは足りないくらいだ。

だから、国会議員は政治資金パーティを開き、寄付を募る。「私を支持するなら、私の活動を金銭的に支えてください」というわけだ。それのどこが悪いのか。

国会議員がまとまったカネを手にすることを極度に嫌うのは、いったいなぜなのか。しかも政治資金規正法という法律がしっかり定められている。

そこでは寄付金の上限が設けられているうえに、「受けた政治献金はすべて収支報告書に記載しなくてはいけない」とも定められている。

基本的に「不透明なカネ」が動く余地はない。

もっとも、政治家がどれだけお金を集めて何に使うかは、ある程度規制されているが、政治家次第だ。最終的には収支報告書を見た有権者がその是非を判断し、ダメと思えば選挙で政治家を落とすという建前だ。

国会議員の「仕事の中身」で真価を問う

大半の議員は、議員歳費や寄付金をやりくりしながら、真面目に仕事をしている。たしかに、なかには汚職に手を染める国会議員もいる。だが、汚職が明るみに出ると大ニュースになること自体、それが稀なケースであるという証ではないか。

たとえば、2019年の参院選で、広島県選挙区・自民党公認候補の河井案里氏が、夫で衆議院議員の克行氏とともに市長や県議などに現金を渡し、「買収した」とされる事件だ。2人は公職選挙法違反に問われ、逮捕、起訴、有罪判決を受けた。この件については、自民党内の派閥争いの一面もあった。

実は、河井案里氏が出馬した広島の選挙区には、もともと別の自民党公認候補がいた。岸田派の溝手氏だ。そこへ「2人目の自民党公認候補」として、突如、河井氏を立てることを党本部が決定した。

参院選の広島県選挙区は「定数2名」であり、自民党公認候補が2人とも当選するとは考えにくい。溝手氏で決まりだと思っていた岸田派としては、おもしろくないに決まっている。

しかし、ことの経緯はどうあれ、いずれにしても河井氏のカネで票を買うという手が違法なのはいうまでもない。

もし、まだ国会議員を疑わしい目で見てしまうというのなら、議員の実際の仕事ぶりをチェックしてみてはどうだろうか。**「政治家って何となく汚い感じがする」という印象論ではなく、「仕事の中身」を見て真価を問うということだ。**

私がアドバイザリーボードを務めている**「政策NPO万年野党」(https://mannen-yato.jp/index.html)では、議会での質問回数や文書質問の数、質問の内容、立法件数などを元に議員を評価している。**

この評価システムは私が作った。

いってみれば、これは**「議員の通信簿」**だ。

年に1回、「成績優秀」と認められた議員には表彰式に出席してもらい、表彰の楯を献上している。議員の評価は本来、メディアの仕事だが、日本のマスコミはてんでダメだから自分で始めたのだ。

評価内容は、万年野党の会のサイトで無料閲覧できる。

こういうものも参考にしながら、**単なるイメージではなく「議員の本分である具体的な仕事内容」で議員を評価するクセをつけてほしい。**

「国会議員は仕事をしていない」という大勘違いを正す

前章で「国会議員の仕事の1つは立法」と説明した。

正直なところ、どう思っただろうか。法律なんて、そう頻繁に新しく作られるものでも、修正されるものでもないと思ったら大間違いだ。

実は**法律ほど「賞味期限」の短いものはないといっても過言ではない。**

しょっちゅう見直し、検討して、新たに作ったり修正したりしなくては、たちまち行政が立ち行かなくなってしまう。

国会議員は、ぐだぐだと国会で居眠りしたり騒いだりしているだけの、楽な稼業だと思っているのなら、最近、作られた法律の1つでも、あるいは提出された法案の1つでも、ぜひ閲覧してみてほしい。

国会に出席するだけが国会議員の仕事ではない。

法案提出に向けて、助手が準備した膨大な資料を読み込み、周囲の人たちと協力して法案を作成する。

実際に法案作成をしないにしても、政府提出の法案について、賛否を述べるのだから、マスコミよりもはるかに勉強している人も少なくない。

必要とあらば出張にも出る。これは実際、寝る暇もないというくらいの激務である。

社会は非常に流動的なものであり、社会のあり方を定める法律もまた、社会の流動性に合わせて変わっていかなくてはいけない。行政に関わったことがない人には想像が及ばないのかもしれないが、そういうものなのだ。

たとえば、新型コロナウイルスの感染拡大を受けて、「新型インフルエンザ等対策特別措置法」が改定されたことは記憶に新しいだろう。

以前は存在しなかった新型のウイルスという危機に、行政が的確に対応できるよう、まさに社会の要件の変化に合わせて法律が変わったわけだ。

検索してみれば一目瞭然だが、この法律は全7章、第80条にまで及ぶ。今様の要件に合わせて改定されるまでに、いったいどれほどの人材の時間と労力が割かれたことか。とうてい一昼夜で完遂できるものではない。

これは政府提出の法案なので、ドラフトは官僚が書いている。ただし、国会で審議するために、官僚に質問したりと国会議員も負けずに勉強している。

このように、**大半の国会議員は、日夜、立法という仕事に心血を注いでいる。**

現に一国会で提出される法案の数は、ほとんどが既存法の改正案だが、**議員立法、閣法合わせて、ざっと200以上**にも上るのだ。

すべて衆議院のホームページに掲載されているから、閲覧してみるといい。どれも、何となく「仕事している風」を醸し出すために提出された法案ではない。その法改正（一部は法制定）が必要だと信じている**国会議員が、熱心に時間をかけて調査・研究し、練り上げたもの**である。**政府提出の法案でも、与党議員は党の部会でしっかり審議し、そのうえで国会での与野党議論に臨んでいる。**

こういうところに、政治家としての理念や価値観が現れるのだ。

そこをまったく見ずして政治不信を訴えているのだとしたら、まるでサッカー選手の見事なドリブルやパスワークを見ずに「サッカーって全然、点が入らないからつまらない」と文句を言うようなものである。

「派閥政治」は人間社会の自然な姿

人が３人以上集まれば、自然とグループが分かれる。

小学生の仲良しグループから社内の派閥争いまで、性格や利害の似た者同士がグループになるというのは人間の性だ。

政界にも派閥がある。**政治家も人間なのだから、考えの似た者同士で協力し合うというのはあたりまえ**のことだ。「派閥政治、あるまじき」と目くじらを立てる人もいるが、むしろ近年では下火になってきているくらいである。

本来、政治ほど派閥がものをいう世界はないといってもいい。なぜなら、政治には数の論理がつきものだからだ。

法案を通したい。

党内でのポジションを上げたい。

求める役職につきたい。

何をするにも「数を味方につけた人」が有利であり、それには派閥に属するのがもっとも手っ取り早いのだ。これは、**国会議員としての仕事を、なるべく滞りなくまっとうするための処世術**のようなものだ。

社内の派閥だって同じだろう。よほどのキレ者でない限り、一匹狼では何かとやりづらい。

「実現したいことがあるときにサポートしてくれる人たち」「根回しが必要なときに口添えしてくれる人たち」「困ったときに助けてくれる人たち」と、日ごろから関係を密にしておく。何も恥じるべきところはないはずだ。

国会議員も、まったく同じというわけである。

派閥政治を問題視する人は、おそらくマスコミの論調を鵜呑みにしているだけなのだろう。

だが、**賢い有権者になりたいのなら、マスコミが言っていることの99パーセントは**

何のためにもならない、それどころか害を及ぼすノイズだと考えたほうがいい。

日本のマスコミは、たびたび人の発言を切り取って印象操作するし、平気で事実を捻じ曲げる。正義を振りかざしながら不正義を働くのだから、なおタチが悪い。ダブルスタンダードだっておかまいなしである。

実際、マスコミは「派閥政治」を非難しておきながら、自分たちは日ごろ盛大に派閥争いを繰り広げているのではないか。

「公人と民間人は別だ」というお得意の論法は、ここでは通用しない。**政治家とて人間であり、その人間が政治を動かしている。政治とは、一切の汚れなき聖人君子が行う崇高な所業ではない**のだ。

そもそも国会議員が何をすべきかは、すべて憲法に明確に定められている。

多くの人は「クリーンな政治」を求めているのだろうが、ではクリーンな政治とはどんな政治か。

少なくとも国会議員の清廉潔白さは、憲法に定められた仕事をしているかどうか、そして憲法に反することをしていないかどうかで測られるべきだろう。

マスコミの印象操作に踊らされ、イメージや雰囲気だけで政治を捉えてはいけない。

族議員は「民意の一部」を汲み上げているだけ

「議員歳費・政治献金」「強行採決」「派閥政治」と、政治にまつわる誤解を片端から解消するような話が続いているが、ついでに「**族議員**」にも触れておこう。

族議員とは、特定の業界団体の事情に詳しく、その業界団体の有利になるよう政策決定に関わろうとする国会議員のことだ。彼らもまた世間で槍玉に上げられがちな存在だが、やはり全面的に否定するのはお門違いなのである。

国会議員は、国民に選ばれる。立法や予算審議という仕事を通じて、自分を選んでくれた人たちの民意を政治に反映することが、国会議員のゴールだ。

世間では「特定の業界に利益誘導するな」と喧しいが、**政治家が民意を反映するというのは、言い換えれば利益誘導にほかならない**。

国会議員は、国民生活を向上させるために働く。

それが特定の業界団体に向いてしまうのは、ある程度は仕方がないことだ。

なぜなら、民意は1つではなく、1人ですべての民意に応えることは不可能だからである。

世の中には、さまざまな業界団体があり、何が利となり何が害となるかは必ずしも一致しない。業界団体によって利害が異なれば、民意も業界団体ごとに異なるというわけだ。

族議員は、そんな数ある民意のうち一部を汲み上げているに過ぎない。

自分を支持し、国会に送り込んだ業界団体の代表として、族議員は、その業界団体に優先的に利益誘導しようとする。考えてみれば当然のことではないだろうか。

これに対する歯止めは、やはり憲法にある。

憲法15条では、「すべて公務員は、全体の奉仕者であつて、一部の奉仕者ではない」と定めている。ここの「公務員」には、選挙で選ばれた国会議員も当然ながら含まれている。

業界団体の規模や資金力などによって、族議員の影響力が異なるのは事実だ。

力のある業界団体の族議員のほうが、政策決定における発言力は大きい。だから特定の業界だけが甘い汁を吸っているように見えて、理不尽だと感じるのだろう。

ただし、これは業界団体同士、族議員同士のパワーバランスの話であって、民意の一部を反映しようと働く族議員の存在そのものを否定すべき話ではない。

あくまで、憲法で言うところの「全体の奉仕者」であることも忘れてはいけない。

要するに、一部の民意と全体の奉仕者とのバランスを国会議員は問われている。もしバランスを失えば、選挙によるしっぺ返しを受けるだろう。

5章

「内閣」とは誰か、何をしているのか

——知っているようで知らない「大臣の役割」

「内閣＝企業」と考えるとわかりやすい

前章で説明したとおり、国会は立法府である。

国会議員は法案を作り、予算を審議する。晴れて国会で法律と予算が決まったら、いよいよそれを実際に運用することになる。これを「**行政権**」と呼ぶのだが、**行政権を行使するのが「内閣」**だ。

そもそも、**国会で立法と予算審議が行われるのは何のためか。この両者は行政、つまり政策を実現することに向かっている**のである。

政策とは「政府の活動」であり、政府の活動内容とは「定められた法律を執行する」ことだ。また、政府が活動するには（法律を執行するには）何かと経費がかかる。その経費の総額が国家予算だ。

だから、国会では法律だけでなく、法律の執行に必要な予算についても審議されるというわけだ。

すべての政策は、社会の秩序を保ち、国民が安心して暮らすためにある。

しかし、社会にはいろいろな側面があるから、行政を担う機関も分野ごとに分かれていないと大変だ。

だから、ざっくり言うと、たとえば「教育」に関しては文部科学省、「国民の健康」に関しては厚生労働省、「農業など第一次産業」に関しては農林水産省、「経済の発展やエネルギー」に関しては経済産業省……という具合に、行政を分担している。

憲法66条を読めばわかるが、**内閣は、これらの省庁をそれぞれ統括する国務大臣の集まりだ。国務大臣は「閣僚」とも呼ぶ。**

一般的には「政府」「国」といった言葉がよく使われると思うが、これらは本質的には「内閣」と同義と考えていい。

ただ、内閣は閣僚メンバーを指す一方、「政府」「国」というと、閣僚の下で機能する省庁も含めて指すことが多い。

ちなみに「内閣官房参与」もまた〈「内閣」の一員〉ではないが、〈「政府」の一員の非常勤国家公務員〉として、政策に関し総理から聞かれたことにアドバイスする立場にある。

その内閣を取りまとめるのが内閣総理大臣だ。

読んで字のごとく、「内閣を総理する(すべてを取りまとめて管理する)大臣」だから、内閣総理大臣なのである。

私はよく、「国と企業は同じ」と説明する。そう考えるとわかりやすいのだ。

内閣総理大臣は「社長」で、閣僚は「各部署の部長」だ。

各省庁の官僚や職員は「社長→部長」という指示系統のもとで実務を行う「社員」ということになる。

では国会は何に当たるかというと、内閣が提出した法案や予算案を審議し、承認することから、さしずめ「株主総会」といったところだろう。

「国会」と「内閣」の混同を解く

内閣総理大臣は、衆議院の過半数の議席をもつ政権与党の党首が務める。

2020年9月に安倍総理が持病悪化のために辞任し、自民党総裁選挙が行われた。自民党は、公明党との連立政権の第一党だから、自民党総裁選は自動的に、内閣総理大臣を決める選挙となる。

内閣総理大臣は、必ず国会議員であることが憲法に定められている（第67条）。

内閣総理大臣が任命する大臣は、民間人でもいいのだが、半分以上は国会議員から選ばなくてはいけないのは、先にも書いた通りである。これも憲法に定められている（第68条）。ちなみに小泉政権で内閣府特命大臣を務めた竹中平蔵氏は、最初は民間人だった。

国会と内閣は別々の国家機関だから、内閣に属する国務大臣は、必ずしも国会に出席しない。

憲法には、国務大臣は議席があってもなくても、国会に参加して発言する権利があり、また、答弁や説明のために国会から出席を求められたら出席しなくてはいけないと定められている（第63条）。

ただ、内閣総理大臣は必ず国会議員、大臣も最低半分以上は国会議員であり、欠席しなくてはいけない理由がない限り、彼らは国会に出席する。

そのため、ひょっとしたら国会と内閣を混同していた人もいるかもしれない。

しかし、国会と内閣とではまったく役割が違う。今までの説明で、その点は、もう明確に理解しているだろう。

国会は立法府、内閣は行政府だ。

ただし両者の役割は密接に関係しており、責任の所在も不可分だ。憲法には「内閣は、行政権の行使について、国会に対し連帯して責任を負ふ」と定められている（第66条）。

内閣が大チョンボをやらかしたら、内閣総辞職するパターンもあれば、衆議院が解散されるパターンもある。

いったん内閣をばらして組閣し直すか、それとも衆議院を解散して国民に選び直してもらうか。

この決定権は内閣総理大臣にある。

これで立法府の国会、行政府の内閣、それぞれの役割や関係性は理解できたのではないだろうか。

私からすれば基本中の基本すぎてつまらないほどだが、どうも両者を混同している人もいるようなので、一応、整理した次第である。

国会と内閣がそれぞれ何をするかを理解するというのは、この国がどうやって治められているのかという「統治のルール」を知ることだ。

統治のルールとは、すなわち憲法である。今の私の説明も、憲法に書かれていることを大まかに、かつ簡単にまとめたに過ぎない。だが、それがまず重要なのだ。

憲法もろくろく知らずに政治を語るのは、ルールを知らずにスポーツ観戦するようなものだ。つまり、目の前で何かが進行していても、何が起こっているのかわからない、何も考えられない、何も語れないに等しいのである。

政権の寿命を読む目安「青木の法則」

憲法で定められた政治の基本中の基本を共有したところで、ようやく別の話にも進むことができる。

私たちが票を投じる選挙によって、政治を主導する政権与党が決まる。選挙のたびに国民の信託が問われるわけだから、もちろん、そこで議席数の割合がひっくり返って政権与党が代わることもある。

たとえば2009年の総選挙で民主党が大勝し、自民・公明両党から政権を奪ったというのは、絵に描いたような政権交代だった。

しかし、その民主党政権は3年ほどで終焉を迎え、ふたたび自民・公明の連立政権となっている。

政権交代は国民の選択だ。国民からの支持が目に見えて弱くなれば、その政権は早晩、倒れるだろうと予想できる。

ここで「**内閣支持率**」を思い浮かべた人は多いのではないか。

マスコミでも、内閣支持率はよく取り上げられるようだ。低迷していると見るや、「内閣支持率が40％を切った。つまり約6割の人が今の内閣を支持していないということなのに、どうして総理は辞職しないのか」と批判したくなるかもしれない。

だが私にいわせれば、これは、いかにも「データの見方がよくわかっていない人」の浅はかな言い分である。


そこでぜひ知っておいてもらいたいのが、「**青木の法則**」である。

「**青木の法則**」**とは、私が勝手にそう呼び始めただけなのだが、「『内閣支持率＋与党第一党の政党支持率』（青木率）が50を切ると政権が倒れる」というものだ。**

かつて自民党参議院幹事長を務め「参院のドン」とも呼ばれた青木幹雄氏が、しばしば経験則として話していたことである。

永田町ではよく知られている法則だ。

私も、解散総選挙となった際には、青木率を用いて与党の獲得議席数を予測し、かなり的中している。かつての安倍政権のトップ級から、「関心を持って読んだ」と直接言われたこともある。

当然だが、**支持率と獲得議席数には正の相関がある。青木率が高ければ高いほど、獲得議席数も多くなると予測できるという、きわめてシンプルな話**だ。

歴代政権を見ても、ほとんどのケースで青木の法則が当てはまる。

p165で図示したように、発足当時には「ご祝儀相場」もあって高かった青木率が、時とともに低下し、40~60程度まで下がったところで退陣しているのだ（支持率の世論調査結果はメディアによって異なるため、メディアの中で平均的で長いデータのあるNHKの数値を採用した）。

こうして見ると、**青木率は60を切ると、その後の回復はまず難しく、そのままじりじりと下がり続けて50以下になると退陣に追い込まれる**、というケースが多いことがわかる。

青木率を出すには、内閣支持率と与党第一党の政党支持率という、誰でもすぐに入手できるデータを足し算するだけだ。複雑なプロセスは1つもない。

図表13 青木率（内閣＋与党第一党の政党支持率）の推移

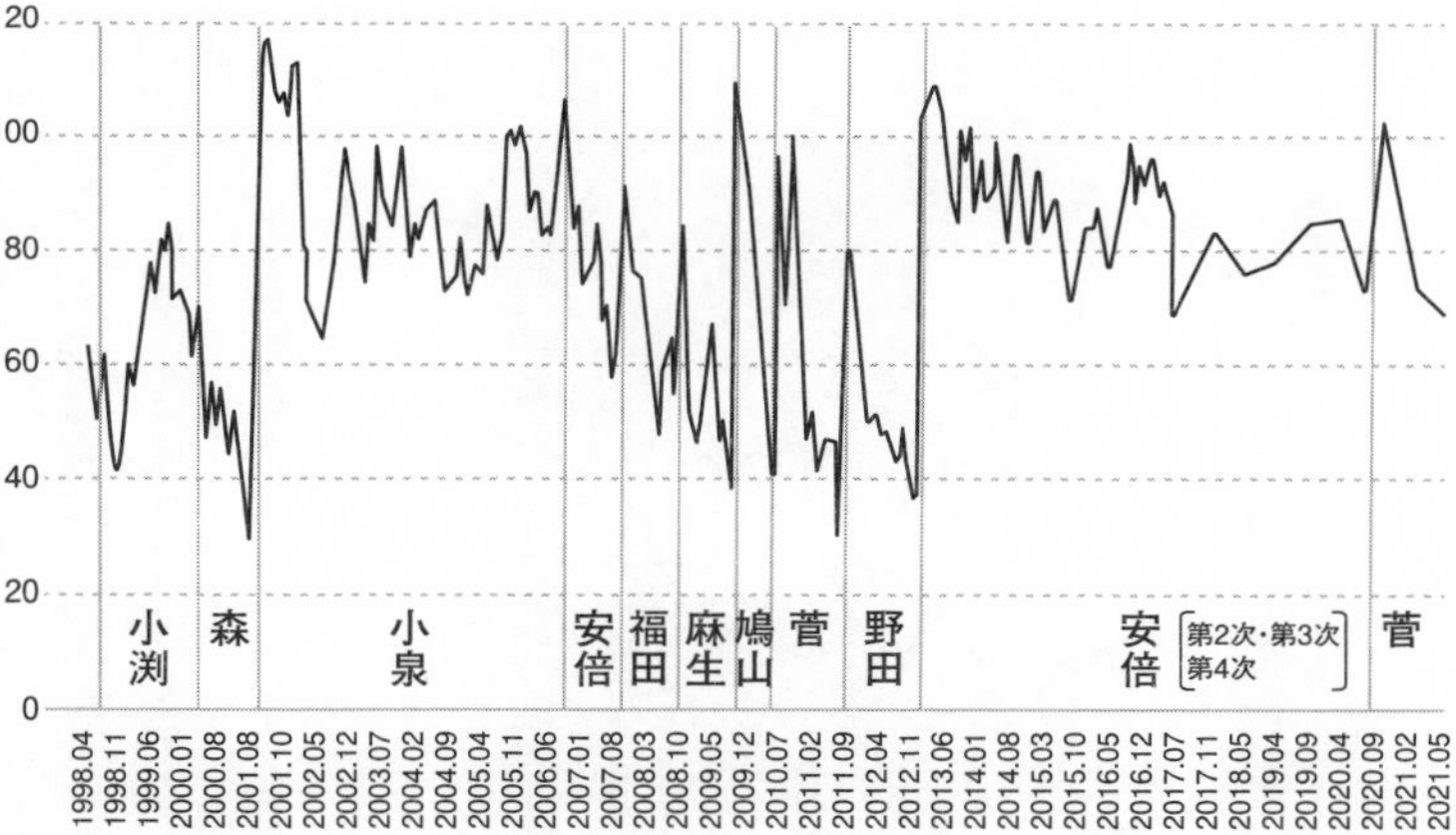

NHK 政治意識月例調査
（2017.04 から調査方法が変更）

それでいて、政権の寿命や議席獲得数を読むうえで非常に参考になる。

これをひとつ知っているだけで、少なくともマスコミ報道を鵜呑みにしているだけの人より、はるかに確度の高い読み方ができるというわけだ。

なぜ、政治家の「失言」は不問とすべきなのか

政治の話には、大きく分けて「政策」の話と「雰囲気」の話がある。

というより、本来は政策の話だけで事足りるはずが、たびたび雰囲気の話が混ざってくるのだ。

政治家の仕事の中身を見なくては「政治家の真価」を問うことはできない。そして政治家の真価を問うことができなければ、「賢い有権者」にはなれない。

賢い有権者になれないというのは、よりよい社会の実現に向かう投票行動ができないということだ。つまり、**「自分たちに与えられた手段＝選挙」を通じて社会をよくしていくという、重大な役割の一端を担えない**ことを意味する。

だからこそ、**本来は政治家の本分である「政策の話」が大半でなくてはいけない。**

国会議員の仕事は先の章で説明したとおり、政策に直結する法律と予算を審議する

ことだ。だから、**国会議員については「どれくらい本会議で発言しているか」「どんな法案を提出しているか」で語らなくてはいけない。**

一方、**内閣の仕事は行政、つまり政策を打ち出し実行することだ。**

したがって、**内閣については「どんな政策を実現しようとしているか」「実際に、実現できているか」で語らなくてはいけない。**

ところが実際には、雰囲気の話のほうが圧倒的に多いのだ。

雰囲気の話というのは、政策とは無関係の意味のない話だ。

国会議員の取るに足らない発言、あるいは本人や近親者の取るに足らない行動をあげつらう。

はっきり言ってタブロイド紙の三文記事程度のものなのに、「政治家の資質なし」「国家リーダーの資格なし」と勝手に烙印を押す。

残念なことに、こうした雰囲気の話は枚挙に暇がない。

たとえば、すでに議員を引退している人の話になるが、東京オリンピック・パラリンピック競技大会組織委員会の元会長、森氏の「女性蔑視発言」が大々的に報じられた件だ。

総理大臣のころから失言で「有名」だった森氏だが、直に接してみると、非常にサービス精神とウィットに富むおもしろい人だ。

ただ周りを楽しませようとしたり、誰かを持ち上げようとしたりするときに、ちょっと勢い余って失言と取られる言葉を口にしてしまう。それだけなのだ。

そういう感覚が問題なのだと言うかもしれない。

では問うが、読者は、ふと口をついて出た言葉ひとつで仕事の能力を云々されたらどう思うだろうか。

しかも、発言の一部だけを切り取られ、さらには誇張され、「こんなことを言うやつは失格だ」と言われたら、どうだろう。

「その発言と自分の仕事の能力は別だ」「発言ひとつで人格否定するな」「そもそも自分の真意は違う。勝手な受け取り方をするな」と言いたくなるはずだ。

そのとおりである。

いくら発言が不適切でも、その人の仕事の中身が立派ならば問題ない。

百歩譲って、ある人の発言が人格なり価値観なりを表していて、それが自分の感覚では我慢ならなかったとしても、やはり、**その人の仕事の中身が立派ならば問題ないのだ。**国会議員は、特にそうだといってもいいだろう。

会社の上司が人格に難ありでは大変困るだろうが、政治家の人格に難ありでも、直に接することのない読者に実害はないはずだ。

きっちり政治家としての仕事をやってくれさえすればいい。

「あの発言は許せない」などというのは、天下国家からすれば非常に些末な問題だ。個人的に嫌うのは勝手だが、そんな雰囲気で一方的に烙印を押し、地位から引きずり下ろそうとするのは間違っている。

ちなみに、東京オリンピックの会場は東京都だけではなく各県に分散しているが、その調整には東京都知事より森氏のほうが、はるかに尽力したと言われている。

今回の失言報道でも、一部の切り取りであり、全体としてみれば問題は少ない。

単なる「叩きたがり屋」「脅したがり屋」に惑わされるな

前項で、森・前オリンピック組織委員長の「女性蔑視発言」問題を取り上げた。

森氏はもう議員ではないが、国を挙げた一大イベントを率いていたという意味では、やはり、国会議員と同様、仕事の中身で評価されるべき公人だ。

それが何とも理不尽に引き下ろされたものだと思う。

なぜ、この例を挙げたかというと、森氏を擁護したいからだけではない。

世間では、政策を非難できないときには、いっそう雰囲気の話が多くなるという傾向がある。

この一件は、実はその好例なのだ。だから本書で取り上げた。

2020年、新型コロナウイルスが世界的に流行し、日本政府も対応に追われた。

未知のウイルスに対して、当初こそ迷走した感は否めないし、補償問題など強い批判を浴びたところもある。日経平均株価は、2020年3月上旬には1万6000円台にまで落ち込んだ。

しかし、その後は大々的な金融政策を日銀に行わせたことなどが奏功し、日経平均株価はみるみる回復した。それればかりか、2021年に入ってからは、3万円の大台で取引を終える日も出始め、おおむね2万9000円台～8000円台後半の水準となっている。

これは、経済政策に株式市場が敏感に反応し、潤沢な資金が流れ込んだということだ。日経平均株価は、経済のバロメーターである。早い話が、経済政策がばっちりハマって、日本経済は一躍、上向いたというわけだ。

また、新型コロナウイルスの感染状況に目を転じてみれば、2021年2月前半時点では、そろそろ収束しようかという状況だった。感染拡大の目安となる実効再生産数はとっくに1を切り、新規陽性者数もピークアウトの傾向を見せていたのだ。

もっとも、日本の新型コロナウィルスの人口当たり感染者数は、欧米に比べると一桁少ないので「さざ波」ではあるが、変異株の流行などもあり、必ず波は再度襲来するので油断大敵だ。

いずれにしても、経済は上向きつつある。感染も欧米に比べるとマシだ。まったく文句のつけようのない、誠にけっこうな状況である。

ところが、文句のつけようのないことを、誠にけっこうだと思えない人たちがいる。言わずもがなだろうが「叩きたがり屋」のマスコミだ。

マスコミは「脅したがり屋」でもある。

何も大変でなくても「大変だ、大変だ」と騒ぎ立てて国民の恐怖心を煽り、「こんな大変な状況を放置するなど言語道断」と矛先を政府に向ける。

しかし、経済は上向き、新型コロナウイルスは欧米に比べると酷くないとなると、彼らは何を題材にして国民を脅せばいいか。

恰好のテーマはオリンピック、そしてワクチンだろう。

案の定、「オリンピックは本当に開催できるのか」「ワクチンの副反応は危険ではないのか」といった論調が、2021年6月現在、連日、目立っている。

また、政策に文句を言えないとなれば、マスコミは、政策とは別のところに目を向けざるを得ない。

そんなところへ飛び込んできたのが、森氏の「切り取り方によっては女性蔑視と受け取れなくもない発言」だったのだ。

マスコミにとっては、まさに渡りに船である。

仕事の中身に文句を言えないなら、雰囲気で文句を言ってやれ。そんなスタンスのマスコミが、要するに、あの騒動の発端であり、諸悪の根源だったというわけだ。


菅総理の息子が総務省の役人数名を接待したことが騒がれたのも、同様のケースといえる。

役人が民間人の接待を受けるのは、利害関係者でなければ、実は国家公務員倫理法上の届け出の義務を怠らなければ問題ない（もちろん、金額の上限はある）。

この1件は、総務省の役人がきちんと届け出なかったことが問題だった。

私から見れば、国家公務員倫理法があるのだから、そもそも割り勘にしていれば届け出の必要もないわけで、数万円のために職務怠慢を責められたというケチくさい話である。

それはともかくとしても、菅総理の息子に法律上何も落ち度はないことはたしかだ。ましてや、菅総理の在職が危うくなるような理由は微塵もない。

しかし、このときもマスコミは、まるで鬼の首を取ったかのように騒ぎ立てた。菅総理の責任問題にまで発展させようと躍起だった。

これもまた、まったく無意味な雰囲気の話である。はっきりいって、バカバカしすぎて話にならない。

さらに例をあげれば、私が内閣官房参与を辞任した件もそうである。

ここでもマスコミは「表現」だけを拾った。

「中身は一切関係ない」といわんばかりに、問題（のちに表現を訂正）になったツイートについても、肝心の Stringency Index のグラフについては、どこのマスコミも触れもしていない。読んだこともないのではないか。

ただただ、表現の話に終始した。

本当ならば、表現ではなく内容の話がしたかったが、それができない。撤回しても、それでも本質的な議論ができなかった。

また、政治家でもないのに、政治問題化しているのも本意ではなかった。

今後、こうした**無意味な騒動に惑わされないようにするには、「政策の話」と「雰囲気の話」をきっちり切り分けるクセをつけることだ。**

簡単である。

考えても意味のないことに頭や時間を割くのは、リソースのムダ遣いでしかない。

だから、**政治について考えるときは、政策「だけ」を見る。それ以外のことは見ない。**

これで雰囲気の話はおのずと削ぎ落とされ、仕事の中身で政治家を評価できるようになるだろう。

「政局」を政治と捉えると大きく見誤る

マスコミが、意味も価値もない雰囲気の話ばかりするから、マスコミの言っていることを鵜呑みにする人は、意味も価値もない雰囲気の話に流されることになる。

したがって、まずマスコミの言うことはノイズだと思って排除し、国会議員の仕事の中身、つまり政策に関わるところだけを見る。

これまで述べてきたように、これが賢い有権者の条件である。

ただし、少し厄介なことに、政治の内側でも、しばしば、考えても仕方のないことが横行する。いわゆる「**政局**」というやつだ。

マスコミが垂れ流す雰囲気の話ほど無意味ではないが、**政局を政治と捉えると、大きく見誤る危険がある**。

政局とは、ひと言でいえば、政治家同士の小競り合いのことである。人間が寄り集まれば派閥に分かれるし、足の引っ張り合いや駆け引き、マウントの取り合いも起こる。人間社会の１つの縮図とも言える政界でも、同じことが起こっているわけだ。

特に政治家は、リーダーシップを握りたい目出ちたがり屋だ。そういう人たちが集まっているわけだから、一般的な人間社会よりも、いっそうマウントの取り合いは激しくなるといってもいいかもしれない。海千山千の政治家たちの足の引っ張り合いや駆け引きは、一般企業のそれとは比べ物にならないのだ。

政局は、政界の人間模様とわかったうえで眺める分にはおもしろい。私も、そういう目で政局をウォッチすることはある。

しかし、政局と政治を混同してはいけない。

たとえば、新型コロナウイルスの対策をめぐっては、小池都知事と安倍・元総理や菅総理、あるいは小池都知事と神奈川県の黒岩知事などが、互いの腹を読もうと牽制し合ったり、時にはバチバチにやり合ったりしている。

これは政治ではなく、政局だ。

「黒岩知事は、小池都知事にコケにされたみたいで腹が立ったのかな」などとおもしろがるのはいいが、それだけにとどめたほうがいい。

マスコミは、政局を芸能ニュースばりに報じるが、これもまた下らないことである。

政局を追いかけても、政治のことは何ひとつわからない。

「政治家は政局ばかりに追われて、本来の仕事をしていない」といった批判を目にすることもあるが、かなり浅はかな見方といわねばならない。

おそらく、政治家の仕事の中身をろくに見ようともせず、メディアから流れてくる政局しか見えていないのだろう。その気になって政治を考えようと思ったら、政治家の普段の仕事など、むしろ追いかけきれないほど見えてくる。

政治は不透明ではない、政治こそが透明である

政治はよくわからないという人は、上っ面のイメージにとらわれて、政治の原理原則を知ろうとしていないだけではないだろうか。

日本は立憲民主制である。憲法に基づき、民主的なプロセスで統治が行われる。少なくともそういう国では、後ろ暗いことや不透明なことは、ほとんど起こらない。ルールの下で手続きを行うというのが基本原理だからだ。

そう考えると、**実は政治ほど透明な世界はない**といっていいだろう。

たとえば、総理大臣はどうやって決められるか、閣僚はどうやって決められるか、行政府である内閣は、どのような権限のもとで何をすべきか、各省庁の官僚は何をするのか、あるいは、してはいけないのか。

国会と内閣の原理原則は憲法にあり、閣僚のもとで働く官僚については、基本的に

国家公務員法で定められている。各省庁がどんな権限をもって何をするのかを定めたものもある。国家行政組織法と、省庁ごとに設けられている各省設置法だ。

さらには、前に「政策とは、あらかじめ定められた法律を執行すること」と説明したように、政策ごとに根拠となる法律がある。すべての政策は、それに紐付いた法律の下で手続きされなくてはならないということだ。

つまりは徹頭徹尾、ルールと手続きであり、不透明なところはないのだ。

これは、日本が民主主義国家だからにほかならない。

その点、**マスコミがやっていることは、民主主義の対極**ではないだろうか。**彼らは勝手に国民の代表を標榜しているが、内実はかなり身勝手で独善的**である。

マスコミが大騒動に仕立て上げた森氏の発言においても、朝日新聞社の記者の、あるツイートを見て驚いてしまった。

森氏の発言は、日本のマスコミが切り取り、誇張したせいで世界にも飛び火してしまった。だが、森氏の謝罪を受けて国際オリンピック委員会が「この問題は終了と考える」という見解を示した。

そこで飛び出したのが、くだんの朝日新聞社の記者のツイートである。

これで幕引きというのが、よほど個人の感情として気に食わなかったのだろう。ツイートは「終了かどうかは私たちが決めます」といったものだったが、いったいどのような権限をもつ何様のつもりでの発信だろうか。

驚いたのは、ここまで勘違いも甚だしい記者がいるのかという点だ。

私の記憶しているところでは、菅総理が官房長官だったころ、定例記者会見で「私たちは国民の代表です」と噛み付いた記者もいた。

菅氏に「いいえ、あなたは代表ではありません」と一蹴されたことで、いっそう息巻いていたが、もちろん、その記者は国民の代表などではない。

国民の代表とは、「民主的なプロセスで国民に選ばれた人」を指す。

その記者は国民を代表して総理に迫っているつもりなのかもしれないが、やはり大きな勘違いをしている。

国民から権限を付託されたわけでもないのに、勝手に「代表」を標榜し、独善的な正義感に陶酔しているだけだ。

官僚制を批判する人がわかっていないこと

内閣総理大臣を「政府」という企業の代表取締役社長としたら、閣僚は各部署の部長に当たる。

閣僚の下で働く官僚は「社員」だ。官僚は閣僚の右腕的存在であり、上意下達で省庁スタッフを動かす。社員は社員でも、課長クラスの有力社員といってもいいかもしれない。

ただし、官僚の権限も当然ながら法律で縛られている。

たとえば、財務省の官僚が携わっていいのは、あくまでも財務省の行政に関することだけだ。たとえば、文部科学省の管轄であるスポーツ振興に関する法案などを、財務官僚が作成することはできない。

「官僚＝権力」と短絡的に結びつけて考えられている節があるが、国会議員や閣僚同

様、決められたルールに従って、粛々と仕事をしているだけなのだ。

時には省の仕事内容が変わることもある。たとえば行政の一部が民営化されたときには、各省設置法を改正しなくてはいけない。それも官僚の役割である。

郵政民営化のときは、私が総務省に出向し、各省設置法を改正した。

これは、企業でいうと定款を書き換えるようなものだ。

「この企業は、A、B、C、Dという事業を行います」と書かれていたうち、A、B、Cの3事業を手放すことにしたため「この企業はDという事業を行います」と書き換えるということだ。

郵政民営化では、それまで総務省が担ってきた「郵便、郵便貯金、簡易保険」の3事業が民営化された。そこで、この3事業を総務省の各省設置法から削除し、新たに作られた日本郵政（及びグループ企業）の定款を書いた。

ざっくりいえば、これが郵政民営化ということである。

しつこいようだが、当然、これだって私が勝手にやったことではない。

2005年に可決した「郵政民営化法」という法律に従って、必要な事務手続きを行ったに過ぎない。

つまるところ**官僚とは、専門的な事務方**なのだ。どの企業にも法務の専門職がいると思うが、それとまったく同じである。

官僚制を批判する人もまた、おそらく世間的なイメージだけで官僚を見ているだけで、官僚の仕事の内容など本当は理解していないのだろう。

閣僚のもとで働く官僚も政府の一員である。そうである以上、憲法をはじめとした法律で役割と禁忌が明確に定められた、きわめて透明な存在なのである。

今の新型コロナ下で、日本は鎖国しないのはケシカランともいわれる。

その心情には筆者も賛成なのだが、先にも述べたように、いかんせん**日本は憲法で非常事態条項がない珍しい国だ。憲法上の規定がないので、各国のような個人の行動制限やロックダウン（都市封鎖）はできない。**

そのため、出入国管理も各国のようにはできにくい。

憲法上の規定があるなら、非常事態宣言を行い、鎖国状態にするのは可能だろう。

しかし、それができないので、出入国管理も甘くならざるを得ない、というか強制的な罰則付きで、行動制限できないのだ。

鎖国できないのを官僚のせいだとするのは妥当ではなく、有事対応の憲法改正が出来ていないのが根本原因だ。

6章

「遠くの政府」と「近くの地域」

――「ニア・イズ・ベター」の地方分権を考える

国のことは国で、地方のことは地方で
――「補完性原理」

「ニア・イズ・ベター」という原則がある。

直訳すると「近いほうがいい」ということだが、これが地方分権の基本的な考え方である。

どういう意味かというと、**国民の身の回りのことは、国民に身近な行政機関、つまり地方自治体が行ったほうがいいということ**だ。

理由は単純である。市民に身近な地方自治体のほうが、市民のニーズを的確に把握して、行き届いた行政サービスを提供できるからだ。

身の回りのことというと、たとえばゴミ収集や上下水道の管理、医療や福祉サービス、教育などである。それぞれの根拠となる法律は、もちろん国の法律だが、法を運用し、行政サービスとして提供する役割は地方自治体が担う。

図表14　補完性原理

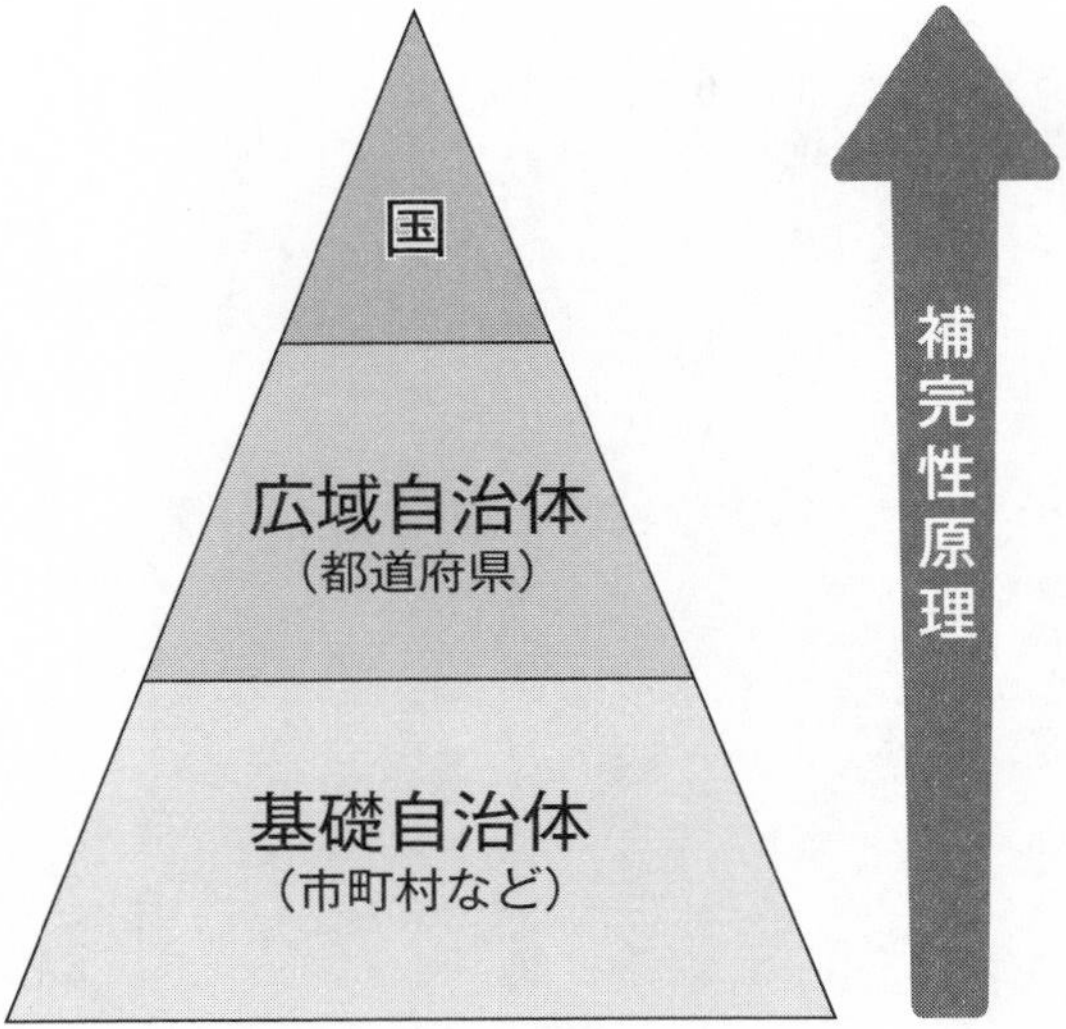

一方、国民の身の回りでないことというと、外交だ。これらは国が行う。

国民の身の回りのことまで国が面倒を見ようと思ったら、とてもではないが追いつかない。

だから、**国のことは国、地方のことは地方で行うというように、役割を補完する**。

そういう意味で、**「ニア・イズ・ベター」を原則とする地方分権の考え方は「補完性原理」に基づいている**。

こうした地方分権の考え方は、読者の肌感覚としても納得できるものだろう。

たとえば、粗大ゴミを捨てたいときは、地方自治体の役所の「粗大ごみ受付窓口」に申請する。

医療に関する各種助成金やサービスを受けたいときは、地方自治体の役所の「保健福祉課」などに問い合わせる。

住民票や戸籍謄本が必要なときは、自分が住んでいる自治体の区役所や市役所の「区民課」などで発行してもらう。婚姻届なども同様の窓口に提出する。

こちらから申請するだけでなく、役所から案内が届くこともある。たとえば国民健康保険加入者には、毎年、地方自治体の役所から「健康診断を受けましょう」という案内やガン検診などのクーポンが送られてくる。

改めて振り返ってみると、一般国民は国とのやり取りよりも、自分が住んでいる地方自治体とのやり取りのほうが圧倒的に多いはずだ。

もし、このすべてを国が行おうと思ったら、間違いなくサービスの過不足が出るだろう。要するに**目配りの利いた細やかな行政サービスは、地方自治体のほうが適しているというわけだ。**

「住む場所を自分で選べる」という権利
――「足による投票」

地方のことは地方にしかわからないから、市民に身近なことは地方行政が面倒を見たほうがいい。これは「**分権化定理**」という理論でも裏付けられている。

難しい数式は割愛して、結論だけ述べよう。

分権化定理とは、「国よりも地方自治体のほうが、住民の生活実態やニーズなどの情報を把握しやすいため、地方自治体に自治権をもたせ、その責任で行政サービスを提供させたほうが、国全体として、より高い行政が叶う」というものである。

ただし、地方自治体が本当に市民のために、目配りの利いた細やかな行政サービスを提供するかどうかは、わからない。自治権として与えられた権限を市民のために使わない地方自治体が出てこないとも限らない。

そこで、よく「補完性原理」や「分権化定理」とセットで言われるのが**「足による投票」**だ。

自治権とは文字どおり自治する権利だから、地方自治体によって、行政の内容が異なる部分がある。教育に力を入れている自治体もあれば、高齢者医療に手厚い自治体もある。

では、自分はどこに住みたいか。

より**自分にとって好ましい行政がある地域を、住む場所として選ぶというのが「足による投票」**である。

たとえば子育て中ならば、子育て支援が手厚い地域に住む。介護中ならば、介護に関する制度が整っている地域に住むという具合だ。

そして住んでいるからには、地方自治体の行政に口を出すこともできる。住んでいる地域の行政が気に食わなければ、それこそ選挙での投票で物申せばいい。

つまり「地方のことは地方で」というのは、「地方の行政サービスは地方自治体が行う」ということであると同時に、「地方のことは、地方の住民が決める」ということでもあるのだ。

大阪市の行政に物申せるのは大阪市民だけだし、東京都の行政に物申せるのは東京都民だけ、というわけだ。

知事選や地方議会選は、その地域に実際に住んでいる人たちの手で、その地域の方向性を定めるためにある。

このように、私たちには、国の政治とは別に地域（居住区）の政治にも参加する権利があるわけだが、国と地方とでは制度が異なる。

国は「議院内閣制」だ。国民は選挙で国会議員を選び、内閣総理大臣は政権与党のなかから、政権与党の国会議員によって指名される。つまり、選挙で過半数の議席を獲得した政党（あるいは連立政権の第一党）の党首が内閣総理大臣になる。

一方、**地方自治体は「二元代表制」**だ。地方議会議員も、首長である知事も、地域住民が投票する選挙で直接、選ばれる。

これは、どちらの制度のほうが優れているという話ではない。

もし、どちらかのほうが優れているとしたら、先進国すべてで、その方法が採られているはずだ。しかし実際には、イギリスでは議院内閣制、アメリカでは二元代表制

図表15　足による投票

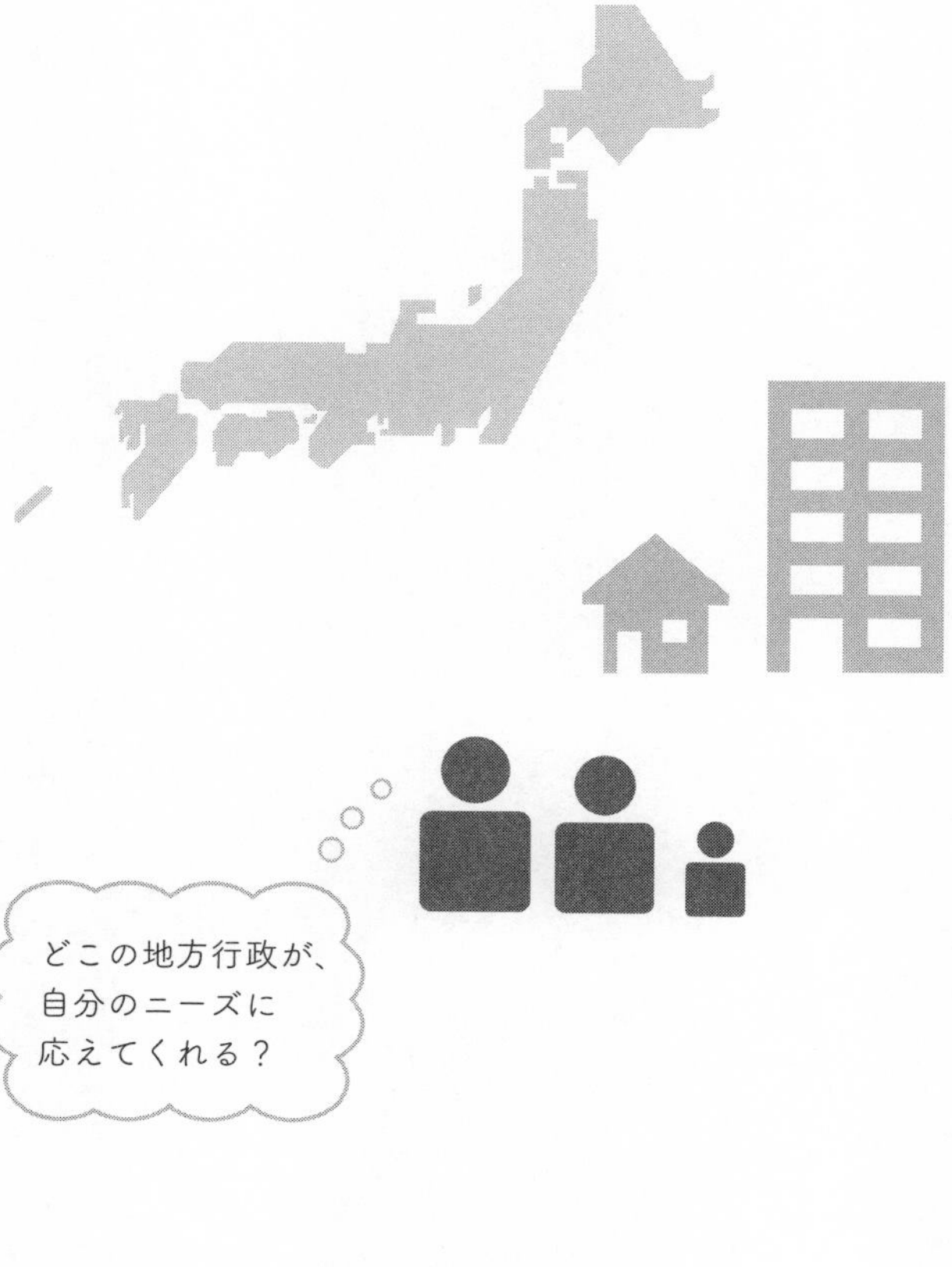
どこの地方行政が、
自分のニーズに
応えてくれる？

がとられている。

つまり、ただ2つの決め方があって、国によっていずれかの方法が採られている。日本の場合は、国は議院内閣制、地方は二元代表制と、別々の制度が採られている。それだけのことである。

ずっと言われている「道州制」、実現しないのはなぜか

補完性原理、分権化定理からすれば、地方分権は今よりも進んだほうがいい。

そんな考えのもと「道州制」が言われるようになって久しい。

現在の日本の行政区分は都道府県だ。

まず「日本」という国があり、それが47つの都道府県に分かれている。

しかし、国のすぐ下の単位が都道府県というのは細かすぎる。そこで都道府県より広い、中くらいの行政区分「道」や「州」を新たに設けようというのが道州制である。

たとえば「日本国宮城県気仙沼市」は「日本国『東北州』宮城県気仙沼市」に、「日本国福岡県久留米市」は「日本国『九州』福岡県久留米市」になるイメージだ。

そして道州には、現在の都道府県がもっている権限よりも強い権限を与える。そうすることで地方自治体の自立性を高め、「ニア・イズ・ベター」の地方分権の原則を、

より強く機能させてはどうか、というわけだ。

この「道州制」は根強く訴えられており、多くの人が賛同している。それにもかかわらず実現していない。

足かせの1つとなっているのは、実は憲法だ。

「地方のことは地方で」を「地方のルールは地方で決める」と捉えると、地方の条例制定権を自立させたほうがいい。それには、憲法第94条の改正が必要である。

憲法94条では「地方公共団体は、その財産を管理し、事務を処理し、及び行政を執行する権能を有し、法律の範囲内で条例を制定することができる」とされているが、あくまで「法律の範囲内」でしかできないのだ。

筆者は、総務省で大臣補佐官をしていたとき、各地方がその条例により、国が決めた法律の上書きをできるようにすることを考えていた。それができれば、地方の自由度は格段に増すはずだった。

そこで、障害になったのが、憲法94条だ。国の法律の範囲内でしか条例を作れないので、条例による国の法律の上書きは憲法を改正しないと無理との結論だった。

前に説明したように、日本は憲法改正のハードルが非常に高い。「憲法は絶対」であり、なおかつ「憲法は不変」の原則が強く働いている現状では、「地方のルールは地方で決める」ようにできないわけである。

こうした法的な縛りがあることを除き、実務レベルだけで言えば、道州制はそれほど困難なことでない。

ただ、なかには、道州制によって「今ある立場や権限」を損なわれたくない人々がいる。現在、都道府県の知事の立場にある人たちである。

もし道州制が導入されたら、道の長、州の長が設けられることになる。

そうすると必然的に、都道府県知事の立場は、道の長、州の長の下になる。つまり「県知事」から「地区長」へと「格下げ」されることになってしまうのだ（なお、東京は「東京特別州」となるため、州知事＝都知事となる）。

たとえば九州には7つの県があり、現在、7人の県知事がいる。

そこに「九州」という行政区分ができると、「一人の九州知事の下に7人の地区長」という構図になる。

これは、言い方を換えれば、「九州に7人いる知事を1人にまとめよう」ということだといってもいいだろう。そう考えると、県知事たちや、その応援団の人たちが道州制に反発したくなるのも無理はない。

ただし、人情として理解はできても、正しいといえるのかどうか。

地方行政は、直に自分の生活に関わるものだ。

たとえば、道州制の導入によって自分の暮らしはどう変わるだろうか。そういったことも想像しながら、これを機に地方自治について考えてみてはどうだろう。

地方分権で「地域間格差」が広がる？それよりも大事なこと

地方分権を進めるには、現在の税制にもメスを入れる必要がある。

より強く「地方のことは地方で」を機能させるには、地方財政の権限も広げなくてはいけないからだ。行政にはカネがかかる。

つまり**「地方のことは地方でやる」とは、すなわち「地方のことは地方のカネでやる」ということでもある**のだ。

では、現在の税制はどうなっているかというと、ひと言でいえば「上納金分配システム」だ。

簡単に説明すると、国民が納めた税金は、いったん国に集められる。そして「地方交付税」として、国から地方へと分配される。つまり地方の財政は、ほぼ国が握っているということだ。

「地方自治体の財源の不均衡を調整すること」、つまり「金持ち地域と貧乏地域の格差を生まないようにすること」が、地方交付税の大義名分だ。「お宅の自治体は赤字財政だから、国が補填してあげましょう」というわけである。

しかし、そもそも、**国が地方に税金を「上納」させるというシステムがなければ、赤字になることもない自治体は多い**はずだ。

本来はストレートに地方の財源に入るべき税金が、いったん国に吸い上げられる。それでも赤字財政にならないのは、東京や名古屋など、非常に少数の地方自治体だけだろう。

現行の「上納金分配システム」では、上納金をおさめることで赤字になる自治体は、地方交付税をありがたく、おしいただくしかない。市民がおさめた税金がそのまま地方の財源にならずに「再分配」されるというのは、きわめて非効率的でもある。

地方財政を国のほうでコントロールしようという「親分・子分」的な税制が、地方分権の大きな足かせになっているのだ。

ここで、地方交付税の大義名分が気になっている人もいるかもしれない。

地方自治体の財源の不均衡を調整する。この地方交付税がなくなったら、地域の経済格差が生まれ、極端に貧しい地方自治体が生じるのではないか。たしかに一部の地域では、そういうことも起こってくるだろう。

ただし、人の移動は自由だ。貧しい自治体に住みたくなければ、より豊かな自治体を選べばいい。これも「足による投票」だ。

そうなると、豊かな地域には人口が集中してますます豊かになり、過疎地はますます寂しくなるかもしれない。

とはいえ、そもそも地方自治体とは単なる「地域の区切り」だ。その間で生じる経済格差を問題にすること自体に、実はあまり意味がない。

本当に問題にすべきは、個人間の所得格差だ。

経済成長を続け、失業率を最低限に抑える。そのために、必要なつど適切な経済政策を国が行う。こうして国民一人ひとりが、あまねく文化的で豊かな生活ができるようになっていけばいい。そこで「地域間の経済格差」を問う必要などないのだ。

「コロナ禍」で考える地方分権の是非

その気になって世の中を見渡してみれば、地方分権を「わがこと」として考える機会は多いはずだ。

2020年に世界的流行となった、新型コロナウイルスなども格好の材料である。これまでに何度も、緊急事態宣言が発令されたが、そのプロセスを見ていて、読者は疑問に思わなかっただろうか。

感染拡大が収まらない局面では、都知事や県知事が、緊急事態発言の発令を国に「要請」し、感染拡大が収まってきたら解除を「要請」する。

たとえば他国が自国に向けてミサイルを発射した、といった事態は国の問題だから政府が対策をとらなくてはいけない。新型ウイルスにしても、他国から自国への侵入を許さないという水際作戦は、やはり政府の役割だ。

しかし、ひとたび新型ウイルスが国内に入ってしまったら、感染状況は、いわば各地方自治体の足元の問題だ。**自治体によって人口も違えば人の流れも違い、したがって感染状況は自治体ごとに異なる。**

そういう場合は、地方自治体の首長の判断で対策を打つのが、もっとも効果的だ。感染拡大の抑え込みは時間との勝負でもある。地域の状況をもっともよく把握している人が独自の判断で、適時、瞬発的に対策を打つことが望ましい。

現に欧米の国々を見ても、国家元首の役割は補償金の財源を準備したり、国民に向けて警戒を呼びかけたりすることだ。地方自治体に相応の権限があり、ロックダウンなどの対策は、各都市が独自の判断で行っている。

おそらく唯一の例外は、地方分権がほとんどないイギリスだけだ。

それが日本では、いちいち地方自治体から国に「要請」しなくてはいけない。「我が街は、現在、こういう状況です。ついては緊急事態宣言を我が街に出してください」と説明しなくてはいけないとは、まどろっこしいどころの話ではない。その時間と手続きの手間がムダなのだ。

また、**補償金の問題も地方分権の話と結びついている**。

ほとんどの地方自治体には補償金の財源がないから、休業要請を出したくても出せない。そこで政府は「新型コロナウイルス感染症対応地方創生臨時交付金」という制度を設け、地方自治体に「住民に補償金を出すための補助金」を出すようにした。

しかし、そもそも地方自治体が国に税金を「上納」するというシステムになっていなければ、補償金の財源も、ある程度は地方独自に確保されていたはずだ。

つまり、**地方分権が進んでいないために、「住民に補償金を出すための補助金」を出す制度を新たに設ける、などという面倒な措置が必要になってしまった**わけである。

さらに、地域の医療が逼迫している。

しかし、医療の逼迫度合は、都道府県によってまちまちだ。近隣で余裕のあることもあるが、県をまたいだ患者の地域間搬送はなかなかできない。どうも搬送する救急車を所管する消防局が県ごとに縦割りだからだ。

もし道州制ができていれば、医療の広域行政は県ではなく道州単位にするだけで、医療の逼迫はもっと抑えられる。

前に説明したとおり、**「地方のことは地方で」**とは、**「地方のルールは地方で決める」ということであり、また、「地方のことは地方のカネでやる」ということ**だ。

地方自治体に自立的な「条例制定権」があり、地方の税収は地方の財源となるようになったら、どうか。

たとえば今回の新型ウイルスのような「地域密着型の危機」が、いざ起こったときに、必要な対策を必要なタイミングで打てるようになる。

地方分権は、このように私たちの生活、場合によっては健康や生命にも関わる大きな問題なのである。

著者紹介

高橋洋一（たかはし・よういち）

1955 年東京都生まれ。都立小石川高校（現・都立小石川中等教育学校）を経て、東京大学理学部数学科・経済学部経済学科卒業。博士（政策研究）。
1980 年に大蔵省（現・財務省）入省。大蔵省理財局資金企画室長、プリンストン大学客員研究員、内閣府参事官（経済財政諮問会議特命室）、内閣参事官（首相官邸）等を歴任。
小泉内閣・第一次安倍内閣ではブレーンとして活躍し、「霞が関埋蔵金」の公表や「ふるさと納税」「ねんきん定期便」など数々の政策提案・実現をしてきた。
また、戦後の日本で経済の最重要問題ともいえる、バブル崩壊後の「不良債権処理」の陣頭指揮をとり、不良債権償却の「大魔王」のあだ名を頂戴した。
2008 年退官。
その後内閣官房参与などもつとめ、現在、嘉悦大学ビジネス創造学部教授、株式会社政策工房代表取締役会長。ユーチューバーとしても活躍する。
第 17 回山本七平賞を受賞した『さらば財務省！ 官僚すべてを敵にした男の告白』（講談社）、『バカな経済論』『バカな外交論』『【図解】ピケティ入門』『【図解】地政学入門』『【図解】経済学入門』『99% の日本人がわかっていない 国債の真実』『明解 会計学入門』『図解 統計学超入門』『外交戦』『【明解】経済理論入門』（以上、あさ出版）など、ベスト・ロングセラー多数。

日本国民《にほんこくみん》のための
[明解《めいかい》] 政治学入門《せいじがくにゅうもん》 〈検印省略〉

2021年　7 月 21 日　第　1　刷発行
2021年　11 月　1 日　第　2　刷発行

著　者――髙橋 洋一（たかはし・よういち）
発行者――佐藤 和夫

発行所――株式会社あさ出版
〒171-0022 東京都豊島区南池袋 2-9-9 第一池袋ホワイトビル 6F
電　話　03 (3983) 3225 (販売)
　　　　03 (3983) 3227 (編集)
F A X　03 (3983) 3226
U R L　http://www.asa21.com/
E-mail　info@asa21.com

印刷・製本　(株) ベルツ

note　http://note.com/asapublishing/
facebook　http://www.facebook.com/asapublishing
twitter　http://twitter.com/asapublishing

ISBN978-4-86667-289-2 C2034